D1726335

PAPIERTIGER

SPRACHLESEBUCH

3

Herausgegeben von Rüdiger Urbanek
unter Mitarbeit von

Ruth Bandow, Gisela Giani,
Gisela Gutheil, Carmen Nickel-Hammer,
Konrad Korkow, Sabine Reinert-Richter,
Christina Sames-Möckel,
Hans-Peter Schmidt,
Barbara Schubert, Bärbel Teller

Verlag Moritz Diesterweg
Frankfurt am Main

INHALT

 Dieses Verweissymbol führt aus den thematischen Kapiteln
in ein Ordnersystem hinein.

Der Tiger

Franz Marc: Der Tiger

Tante Theas Tiger

*Nicht genug, dass Tante Thea kommt, um auf Paul
und seine Schwestern aufzupassen, sie bringt auch
noch ihren Tiger mit. Für Paul und seinen Freund
Moses ist der Fall klar: Tante Thea muss weg.
Und der Tiger sowieso!*

Nur unter größter Aufbietung aller Willensstärke
konnte ich den Entsetzensschrei, den ich schon
im Mund hatte, noch herunterschlucken,
als das riesenhafte Tier mich streifte.

5 Im schummrigen Treppenhauslicht hatte ich das
Ungeheuer nicht bemerkt, das auf samtenen
Tatzen der Tante lautlos gefolgt war. Ein Tiger!
Ein Tiger mit gelb-weiß gestromtem Fell.
Zwar ein nur mittelgroßer Tiger, der als Säugling

10 ein bisschen zu kurz gekommen und darum
etwas zwergwüchsig war, aber eindeutig ein
Tiger! Der Tiger schob mich zur Seite und schritt gefährlich langsam
in unser Wohnzimmer. Mit einem ungeheuren Satz sprang er auf das
Blümchensofa, auf dem mein Vater sonst immer beim Fernsehen liegt,

15 und besetzte das Möbelstück wie ein Raubritter, der eine überfallene
Burg einnimmt. Dann richtete er die kalten bernsteinfarbenen Augen
genau auf mein Gesicht, dass mich ein Schauder überkam.
Doch ich schwöre, ich hielt dem grausamen Blick stand.
In diesem Augenblick …

Jo Pestum, geb.
1936, studierte
Malerei. Um Geld zu
verdienen, arbeitete
er auch als Lkw-
Fahrer und Taucher.
Jo Pestum kam durch
das Bebildern von
Büchern selbst zum
Schreiben.

Jo Pestum

1 Lies den Text.

2 Erzähle, wie die Geschichte weitergehen könnte.

Was Tiere können

Viele Tiere können springen

andre möchten lieber singen

Dann gibt's welche, die gut tauchen

und auch welche, die laut fauchen

Manche wollen ganz gern fliegen

andre bleiben besser   ?

Manche können sehr schlecht sehn

andre dafür richtig   ?

nach Detlef Kersten

 1 Findest du die fehlenden Tunwörter (Verben)? ➜ S. 105

 Immer, wenn du vor einem Arbeitsauftrag dieses Ordnersymbol siehst, kannst du auf die angegebene Seite des Ordner-Kapitels hinter dem Pfeil (hier S. 105) springen. Dort kannst du weiterüben.

2 Schreibt auf, wie die Tiere auf dem Bauernhof sprechen: sie muhen, grunzen, bellen ... Schreibt jedes Tunwort (Verb) auf je vier Karten.

3 Verteilt an jedes Kind eine Karte.

4 Lauft im Klassenraum langsam durcheinander. Fangt an das zu tun, was auf eurer Karte steht. Schließt die Augen. Findet eure passende Tiergruppe. Bewegt euch zueinander ohne die Augen zu öffnen.

Tiger-Jagd

Wer Lust hat, kann an Regentagen auch hierzulande Tiger jagen.
Es lohnt zum Beispiel der Versuch der Tigerjagd im Wörterbuch.
Dort spielt der Tiger mit den Jungen im Quellgebiet der Steigerungen:

Ein lus- , ein präch- ,
ein läs- , ein mäch- .

Ein hef- , ein gran- ,
ein bors- , ein kan- .

Ein kräf- , ein saf- ,
ein ganz und gar wahrhaf- .

Ein ar- , ein bär- ,
und manchmal ein Verfer-

von Bildern und Geschichten,
der so ein Spiel erfinden kann,
von dem wir hier berichten.

Man braucht zu dieser Tigerjagd
kein Netz und kein Gewehr,

und wer ein bisschen überlegt,
der findet noch viel mehr.

Hans Georg Lenzen

1 Lies den Tiger-Text laut.

2 Welche Wiewörter (Adjektive) verstecken sich in dem
Gedicht? ➜ S. 99/100

3 Schreibe den Tiger-Text in dein Heft. Benutze die Abdeckkarte. ➜ S. 116/117

Das Dschungelbuch

*Das Dschungelbuch erzählt die Geschichte von Mowgli, dem Menschen-
jungen, der als kleines Kind seinen Eltern von einem Tiger geraubt wurde.
Der Junge wächst bei Wölfen auf. Später kommt Mowgli in das Dorf
seiner Eltern.*

Die Frau deutete Mowgli durch Zeichen an, ihr zu folgen, und die braune,
schwatzende Menge geleitete sie bis zu einem alleinstehenden, niedrigen
Hause im Dorfe. Als Mowgli argwöhnisch eingetreten war, sah er allerlei
merkwürdige Gegenstände. Da stand ein großer Kasten, mit bunten Farben
5   bemalt – das war das Bett. Und zur Seite ein rundes Gefäß, ein großer
irdener Behälter, in dem Getreide aufbewahrt wurde, und Mowgli staunte,
als er an den Seiten des irdenen Kruges kleine Kühe und Bäume eingepresst
sah, die sich nicht bewegten und kein Lebenszeichen von sich gaben …
Messua gab ihm Milch, und Mowgli trank in langen, durstigen Zügen.
10 Dann gab sie ihm weiches, schönes Brot, und während er aß, sah sie ihm
tief in die Augen. Sie seufzte, denn sie wollte gern Gewissheit haben,
ob er auch wirklich ihr Sohn sei, den der Tiger fortgeschleppt hatte und
der nun aus dem Dschungel zurückkäme. Sie legte die Hand auf seine
Schulter und sagte: „Nathoo, o mein Nathoo!" …
15 „Was nützt es mir denn, Mensch zu sein, wenn ich die Menschensprache
nicht verstehe?" sagte er zu sich. „Ich bin hier so dumm und stumm, wie ein
Mensch sein würde unter uns im Dschungel. Ich muss ihre Sprache erlernen!"
Er hatte nicht umsonst gelernt, den Lockruf der Hirsche und das Grunzen
der Wildschweine nachzuahmen. Sobald Messua ein Wort sprach,
20 wiederholte Mowgli es mit wunderbarer Genauigkeit, und ehe der Abend
herbei kam, wusste er bereits den Namen vieler Gegenstände in der Hütte …

Rudyard Kipling

1 Lies den Text.

 2 Welche Gegenstände sieht Mowgli im Haus der Mutter? → S. 96
Schreibe die Namenwörter (Substantive) in Einzahl und Mehrzahl auf:
ein Kasten – viele Kästen

Mowgli

Text und Musik: Rüdiger Urbanek

Mow – gli* war ein Men – schen – jun – ges, groß – ge – zo – gen in der Meu – te;

doch Shir – Khan*, der mächt' – ge Ti – ger, for – dert ihn für sich als Beu – te.

Mow – gli, wer wird Sie – ger, wer ____ be – siegt den Ti – ger,

wenn im Ur – wald al – les vor ihm flieht?

Mow – gli, wer wird Sie – ger, wer ____ be – siegt den Ti – ger,

wenn er grim – mig dir ins Au – ge sieht?

2. Mowgli war ein Freund der Wölfe, konnte vielen Hilfe geben;
doch Shir Khan, der alte Schurke, trachtet ihm nach seinem Leben.
Mowgli, wer wird Sieger, wer …

3. „Mowgli, Fröschlein," sprach Baghira* „nimm dich vor Shir Khan in Acht!
Hole rasch die rote Blume, brauche sie als deine Macht!"
Mowgli wurde Sieger, kämpfte mit dem Tiger, wie der schwarze Panther
es ihm riet. Mowgli ist der Sieger, er besiegt den Tiger und der ganze
Urwald singt dies Lied.

*Mowgli *sprich:* Mogli   *Shir Khan *sprich:* Schirrkahn   *Baghira *sprich:* Bagira

1 Was vermutest du, wie konnte Mowgli den Wölfen helfen?

2 Warum nennt Baghira Mowgli „Fröschlein"?

3 Was könnte die rote Blume sein?

Verschieden leben

Ich lebe mit meinem Bruder und meiner Schwester bei Vati und Mama.

Ich lebe mit meinem Papa zusammen.

Wir leben in einer Wohngemeinschaft.

Ich lebe mit meiner Mutter und ihrer Freundin.

 1 Es gibt viele Möglichkeiten miteinander zu leben. Sammelt und besprecht sie. → S. 68–70

Ich lebe mit meinem Papa,
meinem Bruder, Papas neuer
Frau und ihren zwei Töchtern.

Ich lebe bei meiner Mutter.

Ich lebe bei meinem Opa und
meiner Oma.

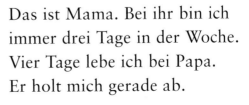

Das ist Mama. Bei ihr bin ich
immer drei Tage in der Woche.
Vier Tage lebe ich bei Papa.
Er holt mich gerade ab.

1 Wer gehört zu eurer Familie?

2 Wie möchtest du später einmal leben? Erzähle. ➜ S. 68–70

Simone hilft Mama

Heute ist schulfreier Samstag. Simone schläft bis acht Uhr. Nach dem
Aufwachen liest sie in ihrem neuen Buch. Im warmen Bett liegen und
lesen findet Simone wunderschön. Am liebsten würde sie überhaupt
nicht mehr aufstehen. Aber irgendwann treibt sie der Hunger aus dem
5 Bett. Als sie gefrühstückt hat und fertig angezogen ist, sagt Mama:
„Du könntest mir ein bisschen helfen." Obwohl Simone gesunde Ohren
hat, hört sie solche Sätze nie. Sie geht zur Tür und will aus dem Zimmer.
„Hast du nicht gehört?", fragt Mama. „Was?" „Ich habe gesagt,
du könntest mir ein bisschen helfen." Jetzt kann Simone nicht mehr
10 weghören. Jetzt muss sie sich schnell etwas einfallen lassen. „Ich … äh
… ich muss … noch Schulaufgaben machen", sagt sie. „Am Samstag?"
Mama wundert sich. „Das ist doch nur wieder eine Ausrede, weil du
dich drücken willst." „Gar nicht wahr!", wehrt sich Simone.
„Wir schreiben nächste Woche einen Rechentest, und für den muss ich
15 noch üben."
Das mit dem Rechentest stimmt. Nur üben muss Simone deswegen
nicht extra und schon gar nicht am schulfreien Samstag, denn sie ist
sehr gut im Rechnen. Aber lieber rechnen als Mama helfen, denkt sie.
„Lieber rechnen als mir ein bisschen helfen." Mama scheint mal wieder
20 Gedanken lesen zu können. „Das ist nicht nett von dir. Ich würde auch
lieber etwas Schöneres tun als staubsaugen, putzen, einkaufen, kochen
und all den Kram."

„Was denn?", fragt Simone. Da braucht Mama nicht
lange zu überlegen. „Durch die Stadt bummeln und in
25 einem netten Lokal zu Mittag essen, ins Hallenbad
gehen, mit einer Freundin eine Stunde Tennis spielen, die
Beine hochlegen und ein gutes Buch lesen oder etwas
Schönes basteln." „Wenn du solche Sachen tust, helfe ich
dir gern ein bisschen", sagt Simone. „Womit wollen wir
30 anfangen?"
Mama steht einen Augenlick lang verdutzt da.
Dann sagt sie: „Du hast Recht. Wir fangen heute
mal ganz anders an. Warum soll ich jeden Samstag
staubsaugen, putzen, einkaufen, kochen und all den
35 Kram? Wir fahren in die Stadt und machen uns einen
schönen Tag." Simone grinst. „Und ich helfe dir dabei."

Manfred Mai

Manfred Mai
wurde 1949 in
Winterlingen auf
der Schwäbischen
Alb geboren. Er
hat schon als
Maler, Werkzeug-
schleifer und
Lehrer gearbeitet.
Heute schreibt
er Kinderbücher.
Er hat eine Frau
und zwei Töchter.
Manchmal schreibt
er auch schwäbisch.

1 Wie ändert Simone im Lauf der Geschichte ihr
Verhalten?

2 Was meint Simone mit dem Satz:
„Womit wollen wir anfangen?" ➜ S. 78/79

3 Wie kann man die Hausarbeit anders einteilen?
Welche Vorschläge hast du?

Julius' Papa

Mein Vater, der tut nichts. Er begnügt sich damit,
ein Superhirn zu sein. Superhirn soll nicht heißen,
dass sein Gehirn die üblichen Ausmaße überschreitet.
Es bedeutet nur, dass sein Kopf mächtig voll ist.

5   Zu voll.

Mein Vater putzt nicht, wäscht nicht und er kocht
nicht. Er hat einfach keine Zeit dazu. Und wenn
er sie doch hätte, so wüsste er gar nicht, wie er es
anstellen sollte. Papa ist ein Genie. An seinem

10   Rechner entwirft er den ganzen Tag Raketen und
Satelliten.

Ihr meint, dann wäre es doch logisch, dass er in den
Wolken schwebt? Das dachte ich mir ja auch.

Aber, um die Wahrheit zu sagen, gestern hatte ich

15   endlich genug davon!

Es ist nicht besonders lustig sich um sich selbst zu kümmern, wenn
man zehn Jahre alt ist (beinahe hätte ich gesagt: zehn Besen alt).
Vor allem dann nicht, wenn man auch noch auf die Großen
aufpassen muss, die sich wie Kleinkinder benehmen!

20   Dass mein Vater in den Zug nach Paris steigt, wenn er nach Marseille
fahren will, na gut ...

Dass er die Sommerzeit vergisst, weil er glaubt, wir hätten Dezember,
auch noch gut ...

Dass er seine Steuererklärung der Nachbarin zur Hochzeit schickt

25   und seine besten Glückwünsche an das Finanzamt ... reden wir nicht
darüber.

Aber gestern hat er wirklich übertrieben.

Malika Ferdjoukh

Malika Ferdjoukh
ist Französin und
lebt seit ihrer
Kindheit in Paris.
Sie schreibt
Kinder- und
Jugendbücher und
Drehbücher für das
Fernsehen.

1 Wie stellst du dir Julius' Vater vor?
Beschreibt und besprecht eure Eindrücke.

 2 Wie mag die Geschichte wohl weitergehen? Schreibe auf. ➜ S. 87–92

Meine Möbelentwürfe

Das Hundertwasser-Haus in Wien

Friedensreich
Hundertwasser
war ein Maler aus
Österreich.
Er entwarf
fantasievolle
Häuser – auch in
Deutschland.

1 Beschreibe das Hundertwasser-Haus möglichst genau.
Achte auf die Unterschiede zu „normalen" Häusern.

2 Wie könnten die Möbel in dem Haus aussehen?
Zeichne selber einige Entwürfe.

3 Stellt eure Möbelentwürfe der Klasse vor.
Erklärt, was ihr euch bei den Entwürfen gedacht habt. ➜ S. 73

Ein neues Zimmer einrichten

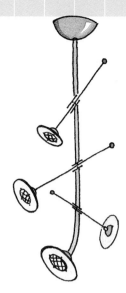

1 Welche Möbel erkennst du? Wie würdest du sie nennen?
Schreibe die Namen der Möbel in dein Heft.

2 Finde zu jedem Möbelstück Wörter, die beschreiben, **wie** die Möbel sind.
Schreibe sie auf.

 3 Schreibe die Wiewörter (Adjektive) in der Grundform und den beiden
Steigerungsformen auf: *bunt, bunter, am buntesten – ...* ➜ S. 99

 4 Beschreibe die Möbel so, dass andere sie erraten können.
Finde weitere Namen für Möbel. ➜ S. 73

Wörter, die beschreiben, wie etwas ist, heißen
Wiewörter (Adjektive). Man kann sie steigern.

Haussegen

Übermut Klugheit
Fröhlichkeit Liebe Lebensfreude
Zufriedenheit Verlässlichkeit Zorn
Ausgelassenheit Wut Heiterkeit
Ängstlichkeit Furcht Frohsinn Kummer
Traurigkeit Humor Selbstständigkeit
Stärke Unbekümmertheit Vernunft

1 Was meint man, wenn gesagt wird: „Der Haussegen hängt schief"?

2 Erzähle von einem Erlebnis in deiner Familie.
Wann war z.B. dein Vater fröhlich, wann war er mal traurig?

3 Schreibe das Erlebnis auf. Wähle als Überschrift ein Wort aus dem Kasten.

4 Was gehört zusammen? Schreibe auf und unterstreiche die
Namenwörter (Substantive). ➜ S. 96

5 Finde weitere Paare aus Namenwörtern (Substantiven) und
Wiewörtern (Adjektiven).

FREUDE HERZLICH GLÜCK FREUNDLICH MUNTER
BEGEISTERUNG FRÖHLICH LAUNE WITZIG STIMMUNG
SCHRECK SAUER SPANNUNG FROH ZORN

6 Finde die Namenwörter (Substantive) und schreibe sie auf.

Wörter, die den Menschen, Tieren, Pflanzen und Dingen einen Namen geben,
heißen Namenwörter (Substantive). Namenwörter (Substantive) bezeichnen aber
auch Gedanken, Gefühle, Ideen, die keine Lebewesen oder Gegenstände sind.

Abschreibregeln

„Hanna, wo ist denn deine Uhr?", fragt der Vater beim Frühstück.
„Wahrscheinlich schon in der Schule", meint Hanna,
„die geht immer vor."

1 Kennt ihr weitere Witze? Stellt sie der Klasse vor.

1. Das Wort oder eine Gruppe von Wörtern lesen

2. Besonderheiten merken

3. Wort oder Wortgruppe abdecken

4. Beim Schreiben mitflüstern

5. Vergleichen

6. Fehler! Wort durchstreichen und noch einmal abschreiben

2 Schreibe den Text oben nach den Abschreibregeln ab.
Benutze nur jede zweite Zeile, damit du Platz zum Verbessern
hast. ➔ S. 116/117

3 Vergleiche noch einmal Wort für Wort deinen Text mit der Vorlage,
damit du ganz sicher bist. Streiche das Fehlerwort durch und schreibe
das Wort noch einmal richtig darüber.

Speisekarte

Pfälzer Hof

Speisekarte Mittwoch:

Pfannkuchen
Pfeffersteak
Pfefferminzeis
Pfirsichtorte
Pflaumenkompott

Bärenschenke

Speisekarte Mittwoch:

Heringsröllchen
Frühlingskuchen
Teufelseier
Schweinshaxe
Kalbsbraten

1 Wo möchtest du mit deiner Familie essen? Erkläre die Gerichte.

2 Wie sind die Namen zusammengesetzt? Schreibe so:
der Pfannkuchen: die Pfanne – der Kuchen
die Heringsröllchen: der Hering – s – das Röllchen ...
Was fällt dir auf?

> Bei zusammengesetzten Namenwörtern (Substantiven) ist manchmal ein „s" eingefügt.

3 Benenne die elf Gegenstände, die mit Pf beginnen und schreibe sie auf.
Sprich das Pf dabei so, dass man es hören kann.

> der Pfarrer   der Pfau   das Pflaster   das Pferd   der Pfeil   die Pflanze
> die Klugheit   das Heringsröllchen   der Kalbsbraten   der Humor

4 Übe auch die Wörter in diesem Kasten mit deiner Lernwörterkartei oder
der Trainingskarte. → S. 118/119, 120

Elfchen

Mein Bruder
Brüderchen
volle Windeln
in die Nase
steigt der süße Duft
Hilfe

Meine Schwester
Anja
schönes Kleid
sonntags am Seeufer
möchte kleine Entchen füttern
Platsch

1 Vergleiche die beiden Elfchen. Zähle die Wörter in den Zeilen.

2 Erfinde selbst ein Elfchen und schreibe es auf. Worauf musst du achten?

1. Von vorne lesen und verstehen.
Punkte, Striche, alle Wörter?

3. Besonderheiten: Nomen: groß/klein
Selbstlaute: lang/kurz
Wortverwandtschaften
Ausnahmewörter
umformen, zerlegen, nachschlagen

2. Von hinten nach vorne lesen.
Lesen, was da steht.

3 Zeichne und schreibe die Korrekturkarte ab und schneide sie aus.

 4 Korrigiere dein Elfchen mit der Korrekturkarte in drei Schritten:

1. Lies von vorne nach hinten. Hast du alle Wörter und Punkte?

2. Lies von hinten nach vorne. Steht da, was du schreiben wolltest?
Stehen z. B. alle Buchstaben in der richtigen Reihenfolge?

3. Hast du die Besonderheiten beachtet? → S. 121

Eine alte Taschenuhr	Regeln für ein Elfchen
Großvater	→ 1. Zeile: ein Wort – Idee, Thema, Gefühl
hör doch	→ 2. Zeile: 2 Wörter – Wozu kann das erste Wort passen?
wie unruhig: tikkitikk	→ 3. Zeile: 3 Wörter – „Das" aus Zeile 2. Was macht es? Wo ist es? Wie ist es?
gleich bleibt sie stehen	→ 4. Zeile: 4 Wörter – Noch mehr erzählen
still	→ 5. Zeile: 1 Wort – *Ein* abschließendes Wort
	→ 6. Überschrift ausdenken
Timm (4. Klasse)	

1 Lies das Elfchen mit verschiedener Betonung. Wie ist es aufgebaut?

Mutter   Vater   Schwester   Neffe   Oma   Opa   Enkel

Tante   Nichte   Bruder   Freund   Freundin

2 Erfinde zu den Wörtern selber ein Elfchen.
Gestalte es und stelle aus. → S. 93

Gestalten

1. Schreibe das Elfchen in Schönschrift auf ein Blatt Papier oder schreibe auf dem Computer.
2. Schreibst du mit der Hand, lege ein Linienblatt unter und markiere rechts und links dünn mit Bleistift und Lineal Randlinien.
3. Schneide das Gedicht aus. Radiere die Randlinien weg.
4. Male ein Bild zu dem Elfchen. Das Bild sollte doppelt so groß sein wie das Gedicht. Denke beim Malen daran, dass das Gedicht mit dem Bild auf eine Seite passen muss, so dass es schön aussieht.
5. Klebe das Gedicht auf die Seite mit dem Bild.

Kinder in verschiedenen Ländern

moja, mbili, tatu ...

Eins, zwei, drei
und ich bin frei!

Tergat aus Tansania

Hannah und Lukas
aus Deutschland

Raz, dwa, try, cztery
maszeruja Oficery!

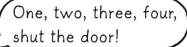

One, two, three, four,
shut the door!

Taylor aus den USA

Marie aus Polen

Un, deux, trois,
nous irons au bois!

Rachel
aus
Frankreic

1 Was spielen die Kinder?

2 Welche Sprache sprechen die Kinder?

3 Suche die Länder auf der Weltkarte.

Fremde Sprachen klingen anders

Uno, due, tre.
Am Anfang sag ich: Nee!
Carlo kann ich nicht verstehn,
wenn wir zwei zur Schule g▲▲▲.
5   Darum für den Weg nach Haus
such ich einen anderen ▲▲▲.

     Quattro, cinque, sei.
     Der Carlo rief nur: „Hei!
     Ich jetzt eure Sprache lern!
  10   Du mir helfen? Bitte? Gern?"
     Da hab herzlich ich gelacht
     und mit Carlo Deutsch g▲▲▲▲▲▲▲.

     Sette, otto, nove.
     Die Feindschaft ist für Doofe.
  15   Sie will nichts von anderen lernen,
     will von anderen sich ent▲▲▲▲▲▲▲.
     Feindschaft macht die Menschen dumm,
     macht sie krumm und schließlich st▲▲▲.

     Dieci, das heißt zehn.
  20   Bis zehn kann ich schon gehn,
     kann schon italienisch zählen,
     kann die richtige Pizza w▲▲▲▲▲▲,
     kann auch Carlos Lieder s▲▲▲▲▲▲
     und ihn oft zum Lachen bringen.

  25   Uno, due, ▲▲▲.
     Sprachen tun nicht weh.
     Wenn einer fremde Sprachen spricht,
     dann verhöhnt und foppt ihn n▲▲▲▲.
     Jeder kann – wir wollen's bedenken –
  30   in seiner Sprache uns be▲▲▲▲▲▲▲▲.

Josef Reding

1 Setze beim Lesen die Wörter ein. ➔ S. 80/81

2 Kennt ihr die Zahlen von eins bis zehn in anderen Sprachen?

Papa, was ist ein Fremder?

Tahar Ben Jelloun, geb. 1944 in Fes (Marokko), lebt in Paris, ist verheiratet und hat vier Kinder. In seinem Buch beantwortet er seiner Tochter Mérièm Fragen zum Thema: „ANDERSSEIN"

Tochter: Was ist ein Rassist?

Vater: Ein Rassist ist jemand, der sich anderen überlegen fühlt, nur weil sie nicht die gleiche Hautfarbe haben, die gleiche
5 Sprache sprechen, auf die gleiche Art feiern wie er.
Rassistisches Verhalten besteht darin, anderen Menschen zu misstrauen, sie zu verachten und ungerecht zu behandeln,
10 und zwar nicht weil sie uns etwas Schlimmes angetan hätten, sondern einzig und allein, weil sie anders aussehen oder aus einer anderen Kultur stammen.

15 Tochter: Was meinst du mit einer anderen Kultur?

Vater: Kultur meint die Lebensform einer Gruppe von Menschen. Jedes Volk hat bestimmte Bräuche (afrikanische Musik ist zum Beispiel anders als europäische) und besondere Arten zu feiern,
20 sich zu verheiraten und so weiter.

Tochter: Ist Rassismus oder Ausländerfeindlichkeit denn normal?

Vater: Nein. Nur weil ein Verhalten weit verbreitet ist, ist es noch lange nicht normal oder richtig.

Tochter: Kann eigentlich jeder ein Rassist werden?

25 Vater: Grundsätzlich schon. Das hängt von deiner Erziehung ab. Von Natur aus ist kein Kind fremdenfeindlich. Und wenn deine Eltern, deine Familie oder deine Lehrer dir keine fremdenfeindlichen Ideen in den Kopf setzen, wirst du auch nicht fremdenfeindlich werden.
30 Leider passiert es häufig, dass wir jemanden verachten oder sogar schlecht behandeln, der uns nichts getan hat, einfach nur weil er anders ist.

Tochter: Was können wir denn gegen Fremdenfeindlichkeit tun?

Vater: Zuerst muss man die Achtung vor den anderen lernen.

35   Jemanden achten bedeutet sein Anderssein anzuerkennen und
           darauf Rücksicht zu nehmen. Wir müssen versuchen, die anderen
           kennen zu lernen, bevor wir sie ablehnen und nichts mehr mit
           ihnen zu tun haben wollen.

Tahar Ben Jelloun

1 Lies den Text leise durch und notiere alle Wörter, die du nicht
verstanden hast. Erklärt die Wörter in einem gemeinsamen Gespräch.

2 Lest das Gespräch von Vater und Tochter mit verteilten Rollen.

3 Führt ein Klassengespräch zu folgenden Fragen:
Zeilen 17–20: Welche Unterschiede zwischen den Völkern nennt der
Vater? Kennt ihr noch andere? ➜ S. 68/69, 72

4 Zeile 36–38: Welche Möglichkeiten gibt es, andere Menschen kennen
zu lernen? ➜ S. 68/69, 72

5 Wer ist hier fremd?

Kinder haben Rechte und Pflichten

Kenia

Jedes Kind hat das **Recht**
auf Liebe und Geborgenheit.
Überall auf der Welt.

Deutschland

Südafrika

Kinder haben unterschiedliche
Pflichten.
Überall auf der Welt.

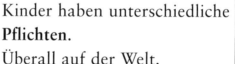

Deutschland

Ghana

Jedes Kind hat das **Recht**
auf eine Schulbildung.
Überall auf der Welt.

Deutschland

1 Schreibe auf, welche Rechte du hast.

2 Schreibe auf, welche Pflichten du hast.

3 Vergleicht, was ihr gefunden habt.

4 Welche Pflichten könntest du noch übernehmen?

Mein Alltag

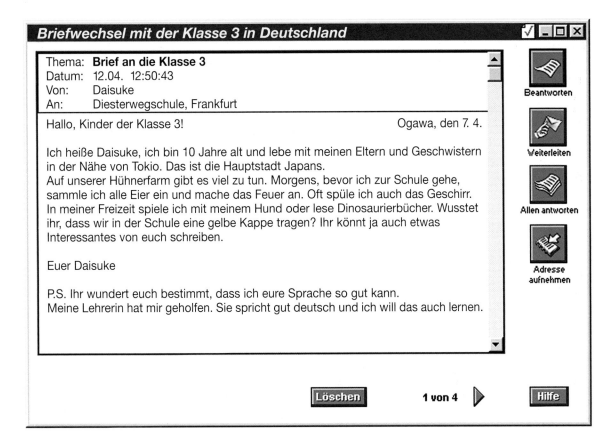

Briefwechsel mit der Klasse 3 in Deutschland

Thema: **Brief an die Klasse 3**
Datum: 12.04. 12:50:43
Von: Daisuke
An: Diesterwegschule, Frankfurt

Hallo, Kinder der Klasse 3!   Ogawa, den 7. 4.

Ich heiße Daisuke, ich bin 10 Jahre alt und lebe mit meinen Eltern und Geschwistern in der Nähe von Tokio. Das ist die Hauptstadt Japans.
Auf unserer Hühnerfarm gibt es viel zu tun. Morgens, bevor ich zur Schule gehe, sammle ich alle Eier ein und mache das Feuer an. Oft spüle ich auch das Geschirr.
In meiner Freizeit spiele ich mit meinem Hund oder lese Dinosaurierbücher. Wusstet ihr, dass wir in der Schule eine gelbe Kappe tragen? Ihr könnt ja auch etwas Interessantes von euch schreiben.

Euer Daisuke

P.S. Ihr wundert euch bestimmt, dass ich eure Sprache so gut kann.
Meine Lehrerin hat mir geholfen. Sie spricht gut deutsch und ich will das auch lernen.

Beantworten

Weiterleiten

Allen antworten

Adresse aufnehmen

Löschen   1 von 4 ▷   Hilfe

1 Berichtet über die Rechte und Pflichten dieses japanischen Jungen.

2 Beschreibe deinen Alltag in einer E-Mail an eine Partnerschule.
Partnerschulen findet ihr im Internet.

Anderen helfen

Das ist Ahmet.
Er kommt aus Afrika.
Er geht in die 2. Klasse.
Er spielt prima Fußball.
Er schreibt nicht so gut.

Das ist Sabah.
Sie wohnt jetzt in Deutschland.
Sie besucht die 3. Klasse.
Sie tanzt und singt wunderschön.
Sie versteht noch schlecht Deutsch.

Nina und Lars helfen ihren neuen Freunden. Sie zeigen und erklären,
was Ahmet und Sabah nicht wissen können.

> Das Buch hol**st du**
> in der Bücherei.

> Zum Training komm**st**
> **du** in die Turnhalle.

> Die Brötchen kauf**st du**
> im Laden an der Ecke.

> Am besten hör**st du** nicht
> auf diesen Schwätzer.

 1 Schreibe von allen Tunwörtern (Verben) auf dieser Seite beide Formen
in dein Heft:
er kommt – du kommst, sie wohnt – du … ➜ S. 102

2 Was würdest du den neuen Mitschülern noch erklären?
Schreibe noch mehr Sätze auf.

Inseln im Meer

Weit weg von Deutschland im Indischen Ozean liegt die Insel Sri Lanka.
Dort wächst eine Pflanze, aus deren Blättern ein Getränk hergestellt wird.
Aus den Buchstaben auf einer Insel kannst du ihren Namen zusammen-
setzen.

1 Bilde die richtigen Wörter aus Fischen und Inseln und schreibe sie so auf:

aa	ee	oo
Saal	Meer	Zoo
...	...	...

2 Wie heißen die abgebildeten Gegenstände? Bilde aus diesen Wörtern
und dem Namen der gesuchten Pflanze zusammengesetzte
Namenwörter (Substantive). Schreibe sie auf.

Wie muss ich schreiben?

Welches Kleidungsstück trä t manche japanische Frau? **1**

Schottenrock, auch kilt genannt. **a**

Wo lie t im ganzen Jahr Schnee? **2**

What is your name? **b**

Was we t man in Schottland heute noch mit dem Handwebstuhl? **3**

Kimono **c**

In welchem Land sprin t das Känguru? **4**

Hurrikan **d**

Mit welchen Worten fra st du in Englisch: Wie heißt du? **5**

Grönland **e**

Welcher Sturm to t oft in Amerika? **6**

Australien **f**

1 Suche die richtigen Antworten zu den Fragen. Schreibe z.B.: *1c*.

2 Schreibe die Karten ab und setze die richtigen Buchstaben in die Lücken. Bilde dazu zuerst die Grundform: *tragen*, *sie trägt*.
→ S. 131/132, 138

3 Stelle eigene Karten her, damit du weiter spielen kannst.

> kriegen   heben   lieben   liegen   sagen
> bleiben   springen   schreiben   singen   loben

Schon gewusst …,

dass es auf der Insel Gomera Unterricht in der Pfeifsprache gibt?
dass die Kinder in China und Japan über 1000 Zeichen lernen müssen?
dass in der deutschen Sprache ein Wortbaustein die Bedeutung eines
Wortes verändern kann?

Wörter verändern ihren Sinn mit Wortbausteinen

1 Setze die Wortbausteine so vor das Tunwort (Verb):
vorstehen, ge … usw. → S. 106/107

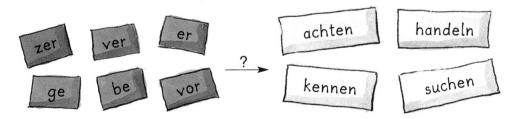

2 Welche Wortbausteine passen zu diesen Wörtern?
Schreibe Sätze dazu auf.

Die schwarzen Schweine

Paul Gauguin

Der französische Maler Paul Gauguin (sprich: Gogän) unternahm
im Jahre 1891 eine Schiffsreise nach Tahiti.
Tahiti ist eine von den vielen Inseln in der Südsee.
Hier sind die Menschen, die Häuser, die Farben und der Duft der Pflanzen
ganz anders als zu Hause in Frankreich. Dem Maler gefiel es so gut,
dass er zwei Jahre dort blieb. In dieser Zeit malte er viele Bilder, die später
in Paris ausgestellt wurden.
Dieses Bild nannte er: Die schwarzen Schweine.

1 Beschreibe, was du auf dem Bild siehst.

2 Wie möchtest du wohnen? Male ein Bild.

Zur Schule – aber wie?

Im Bus ist es so

Meine Mutter fährt mich immer, weil sie Angst um mich hat.

Seit ich in der dritten Klasse bin, fährt mich meine Mutter nicht mehr zur Schule.

Wenn alle Kinder jeden Morg mit dem Auto kämen, was das für ein Lärm und Gesta

Meine Eltern haben keine Zeit mich zu fahren.

Ich gehe jeden Morgen mit meinen Freunden. Da können wir noch quatschen.

Ich fahre seit kurzem mit dem Fahrrad.

1 Sprecht über das, was die Kinder sagen.

2 Berichte, wie du zur Schule kommst. → S. 74/75

3 Diskutiert darüber, wie ihr die Schule umweltfreundlich erreichen könnt. → S. 68/69

Warm oder kalt?

Uli: Brr, ist mir kalt heute! Ich friere schon den ganzen Tag!

Nicki: Dann zieh doch einen Pullover an und lauf nicht rum wie im Sommer!

Uli: Also gut, eigentlich hast du ja recht.

Nicki: Du weißt ja sicherlich, dass Wolle prima warm hält, oder?

Uli: Na klar, das weiß doch jeder!

Nicki: Weißt du aber auch, dass Wolle kalt hält?

Uli: Du willst mich wohl auf den Arm nehmen? Wieso soll Wolle kalt halten?

Nicki: Ich zeig's dir. Pass auf!

1 Führe diesen Versuch ebenfalls aus.

2 Hat Nicki recht, wenn sie sagt, dass Wolle kalt hält?

3 Erkläre, warum die Bewohner heißer Gegenden auf unserer Erde oft so dicke Kleidung tragen.

Bloß Wasser – oder?

Auf unserer Erde gibt es viel mehr Wasser als Land.
Hast du das gewusst? Aber weil das Wasser des Meeres
salzig ist, können wir es nicht ohne weiteres verwenden.

Unser Trink- und Brauchwasser bekommen wir aus Seen und Flüssen,
die nicht immer ganz sauber sind. Deshalb muss das Wasser in Wasser-
werken gereinigt werden, bevor es über ein weitverzweigtes Leitungsnetz
in unsere Haushalte gelangt. Das kostet viel Geld!
Deshalb sollte jeder von uns sehr sparsam mit Wasser umgehen.

Wusstest du schon, dass hier bei uns in Deutschland jeder pro Tag
ungefähr 140 Liter Wasser verbraucht? Das sind 14 große Eimer voll!

1,2 Eimer: Körperpflege
0,7 Eimer: Wohnungsreinigung
3,5 Eimer: Baden/Duschen
3,5 Eimer: Wäsche waschen
0,5 Eimer: Trinken/ Kochen
4,0 Eimer: WC
0,6 Eimer: Geschirrwaschen

1 Schreibe alle Geräte aus dem Haushalt auf, die Wasser verbrauchen.

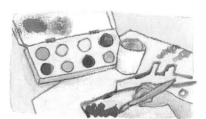

2 Wofür brauchst du Wasser? Schreibe auf.

3 Frage zu Hause nach eurem Wasserverbrauch in der Familie.

Ein Olchi im Rathaus

Dieser Text stammt aus dem Buch
„Die Olchis räumen auf". Kennst du die Olchis?
Das sind komische Kerle, die gern in Müllbergen
herumwühlen und sich freuen, wenn sie schön
rostige und vergammelte Leckereien finden. In Schmuddelfing
gibt es ein großes Problem. Vielleicht kann ein Olchi helfen?

„Welches Problem meinen Sie?", fragt einer der wichtigen Herren.
„Das Problem mit dem Müll", sagt der Bürgermeister. „Wie wir alle
wissen, haben wir in Schmuddelfing so viel Müll, dass wir schon lange
nicht mehr wissen, wohin mit dem ganzen Kram. Unsere Stadt sieht

5   aus wie ein Sauhaufen. Überall liegen Papier, Dosen, Zigarettenkippen
und was weiß ich sonst noch herum!"
„Und was soll uns dabei helfen?", fragen die wichtigen Männer im Chor.
„Das hier!", sagt der Bürgermeister.
Er fasst mit seiner rechten Hand in die Aktentasche. Dann stößt er einen

10 Schrei aus. Er streckt die Hand in die Luft und an der Hand hängt das
Olchi-Kind. Es hat kräftig in den Bürgermeisterdaumen gebissen.
„Das ist ein Olchi, meine Herren!", sagt der Bürgermeister.
Er schüttelt seine Hand, und das Olchi-Kind plumpst auf den Tisch.
Die wichtigen Herren sind vor Schreck einen Schritt zurückgewichen

15 und halten sich die Nase zu.
„Und Olchis fressen Müll, meine Herren", sagt der Bürgermeister.
„Sie werden unsere Stadt säubern!"

Erhard Dietl

1 Schau dir den Schulhof nach der großen Pause an.
Sieht es bei euch auch so aus wie in Schmuddelfing?

2 Schreibe auf, was ein Olchi bei euch zu fressen finden würde.

3 Sortiert euren Müll nach Gruppen. Was gehört wohin?
Was wird nicht getrennt gesammelt?

UMWELTDETEKTIVE

Auf der Spur der Energieverschwender

Die Kinder der Klasse 3b versuchen herauszufinden, wo in ihrer Schule Energie gespart werden kann. Sie werden Energie-Detektive.

Sabrina und Manuel haben im Klassenzimmer ein Thermometer aufgehängt. Jeden Tag vor der großen Pause lesen sie die Temperatur ab und tragen sie in eine Tabelle ein.

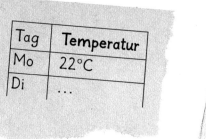

Tag	Temperatur
Mo	22°C
Di	...

Wasserverbrauch
Im letzten Monat wurden an unserer Schule ...
Das sind ... Eimer voll!

Eva, Nicole und Thomas lassen sich vom Hausmeister die Wasseruhr im Keller zeigen. Sie fragen, wieviel Geld das Wasser kostet, das in der Schule in einem Monat verbraucht wird.

Müll auf dem Pausenhof
Wir haben eine Woche lang nach jeder großen Pause ...

Carolin, Mehmet und Daniel haben sich Gummihandschuhe besorgt. Sie sammeln eine Woche lang den Müll, der nach der großen Pause auf dem Schulhof liegt.

Dosen **Papier** **Kunststoff**

1 Verteilt in eurer Klasse die Detektivarbeiten.

 2 Macht euch jeden Tag Notizen über das, was ihr festgestellt habt. → S. 94

 3 Schreibt nach dieser Woche Berichte über eure Beobachtungen. Klebt Fotos und Zeichnungen dazu. → S. 95

4 Schaut im Internet nach, wie andere Schulen Energie sparen.

Unsere Verbesserungsvorschläge

In der nächsten Woche werden die Berichte in der Klasse vorgetragen
und besprochen. **Die Schüler sammeln nun Ideen, was verbessert werden
könnte.** Dazu machen sie einen Erlebnisrundgang durch das Schulhaus.
Sie notieren sich dabei, wo was wie verbessert werden könnte.
Diese Vorschläge werden auf große Plakate geschrieben und an eine
Wand gehängt.

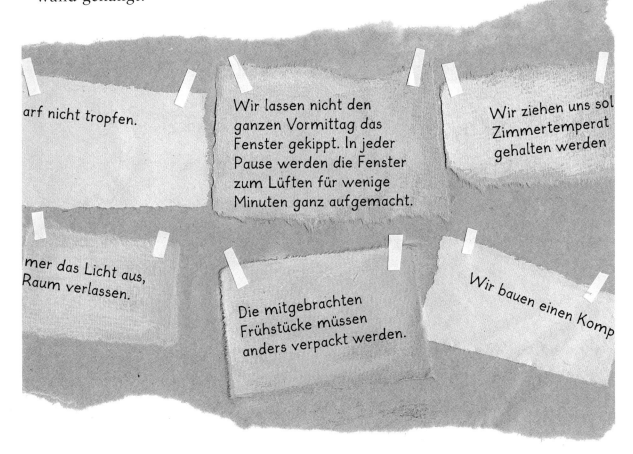

...arf nicht tropfen.

Wir lassen nicht den
ganzen Vormittag das
Fenster gekippt. In jeder
Pause werden die Fenster
zum Lüften für wenige
Minuten ganz aufgemacht.

Wir ziehen uns so...
Zimmertemperat...
gehalten werden...

...mer das Licht aus,
Raum verlassen.

Die mitgebrachten
Frühstücke müssen
anders verpackt werden.

Wir bauen einen Komp...

1 Macht einen Erlebnisrundgang durch das Schulgelände und notiert
eure Verbesserungsvorschläge. ➜ S. 94

2 Ordnet eure Vorschläge.

3 Schreibt diese Verbesserungsvorschläge sauber auf ein großes Plakat.

4 Kontrolliert nach zwei Monaten, ob ihr euer Vorhaben eingehalten habt.
Bestimmt dazu jemanden aus eurer Mitte als „Nachfrager".

Satzarten – Satzschlusszeichen

Dreh den Wasserhahn ganz zu!

Ich gehe mal zum Hausmeister.

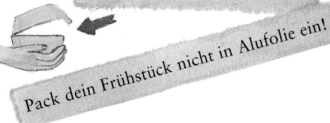

Pack dein Frühstück nicht in Alufolie ein!

Hast du das Licht ausgemacht?

Vergiss das Thermometer nicht!

Hilfst du mir?

Bis morgen mache ich die Tabelle fertig.

Im Mülleimer ist noch Papier.

Es gibt drei verschiedene Satzarten:

Aussagesätze: Hier steht am Ende ein Punkt.
Fragesätze: Hier steht am Ende ein Fragezeichen.
Ausrufe- und Aufforderungssätze: Hier steht ein Ausrufezeichen.

Wir wollen Wasser sparen
Kannst du mal nachschauen
Komm sofort her
Zieh dir endlich deinen Pullover an
Morgen werden wir weitermachen
Soll ich mal in die andere Klasse gehen

1 Hier fehlen die Satzschlusszeichen.
Schreibe die Sätze ab und setze Punkte, Fragezeichen und
Ausrufezeichen an die richtigen Stellen. ➔ S. 112/113

2 Schreibe zu jeder Satzart einen eigenen Satz.

Satzglieder

Wir brauchen in der Schule viel Energie.
In der Schule brauchen wir viel Energie.
Viel Energie brauchen wir in der Schule.

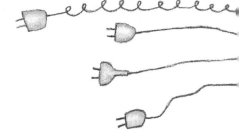

Einen Satz kann man verändern, indem man die Wörter verschiebt.
Die Wörter, die zusammenbleiben, nennt man Satzglieder.
Ein Satzglied kann aus einem oder mehreren Wörtern bestehen.

Ohne Wasser gibt es kein Leben auf unserer Erde.

1 Schreibe jedes Wort dieses Satzes auf einen Zettel ➜ S. 108/109

2 Verschiebe die Zettel so, dass Sätze mit gleichem Inhalt entstehen.
Welche Wörter bleiben zusammen? Schreibe die Sätze auf.

3 Unterstreiche die Satzglieder mit verschiedenen Farben.

4 Verschiebe die Satzglieder am Computer. ➜ S. 89

Ich fahre jeden Morgen mit dem Fahrrad in die Schule.
Ich fahre jeden Morgen mit dem Fahrrad.
Ich fahre jeden Morgen.
Ich fahre.

Ich friere ohne Pullover bei kaltem Wetter ganz schrecklich.

5 Kürze diesen Satz durch Weglassen von Satzgliedern wie im Beispiel.

6 Erfinde selbst Sätze, die du dann kürzt.

Man kann Sätze durch Hinzufügen oder Weglassen von
Satzgliedern erweitern oder kürzen.

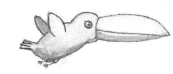

Satzglied Satzglied Satz

Wer macht was?

Frau Müller Lara und Helen

Wer macht was?

Michael Ralf

 1 Beantworte die Frage für jedes Bild. Schreibe so: Ralf bastelt.

Wer bastelt? <u>Ralf.</u>

Was macht Ralf? Er <u>bastelt.</u> ➜ S. 110/111

Satzgegenstand (Subjekt) und Satzaussage (Prädikat)

Der Satzgegenstand (Subjekt) sagt uns wer oder was etwas tut.
Die Satzaussage (Prädikat) sagt uns, was geschieht oder gemacht wird.

---

2 Unterstreiche in deinen Sätzen, wie im Beispiel, den Satzgegenstand
(Subjekt) rot, die Satzaussage (Prädikat) grün.

Trennen – aber wie?

Ba-na-nen-scha-len lie-gen hier,
und da-zwi-schen viel Pa-pier.
Li-mo-do-sen, Sty-ro-por,
eins, zwei, drei, ich komm her-vor!

Nadine fragt: „Was ist denn das für ein komischer Abzählvers?"
Michael antwortet erstaunt: „Hast du noch nie etwas vom Mülltrennen
gehört? Li-mo-do-sen! Ich trenne eben den Müll!"

Michael hat nur Spaß gemacht. So wird Müll natürlich nicht getrennt.
Aber Wörter kann man nach Silben trennen, auch Müllwörter. Wenn man
dazu in die Hände klatscht, ist es gar nicht schwer, zu hören, wo ein Wort
getrennt werden darf: Li-mo-na-den-fla-schen-ver-schluss

Kaugummipapier   Alupapier   Kartoffelschalen   Sprudelflaschen

 Trenne diese Wörter.

2 Suche lange Wörter und schreibe sie getrennt auf.

Alle machen mit

Die Schüler der Klasse 3b wollen auch andere Schüler, Eltern und die Bewohner ihrer Stadt überzeugen, beim Umweltschutz mitzumachen. Das machen sie so:

1 Gestaltet selbst ein Plakat für das schwarze Brett eurer Schule.

2 Notiert in Stichworten, was ihr den Schülern einer anderen Klasse über eure Arbeit sagen könntet. ➜ S. 94

3 Bittet eure Eltern euch zu helfen, z. B. beim Bau eines Kompostsilos.

Wir Schüler der Klasse 3b haben seit ein paar Wochen ein großes Vorhaben begonnen: Wir wollen versuchen, an unserer Schule weniger Energie zu verbrauchen. Also – keine Lampen unnötig brennen lassen, Wasserhähne ganz schließen, Heizkörper richtig einstellen ...

 4 Schreibt eine Information für eure Tageszeitung. ➜ S. 87–92

---

der Müll   der Detektiv   das Fahrrad   der Bus
das Alupapier   der Wasserverbrauch   der Eiswürfel
die Rallye   der Kompost   die Energie

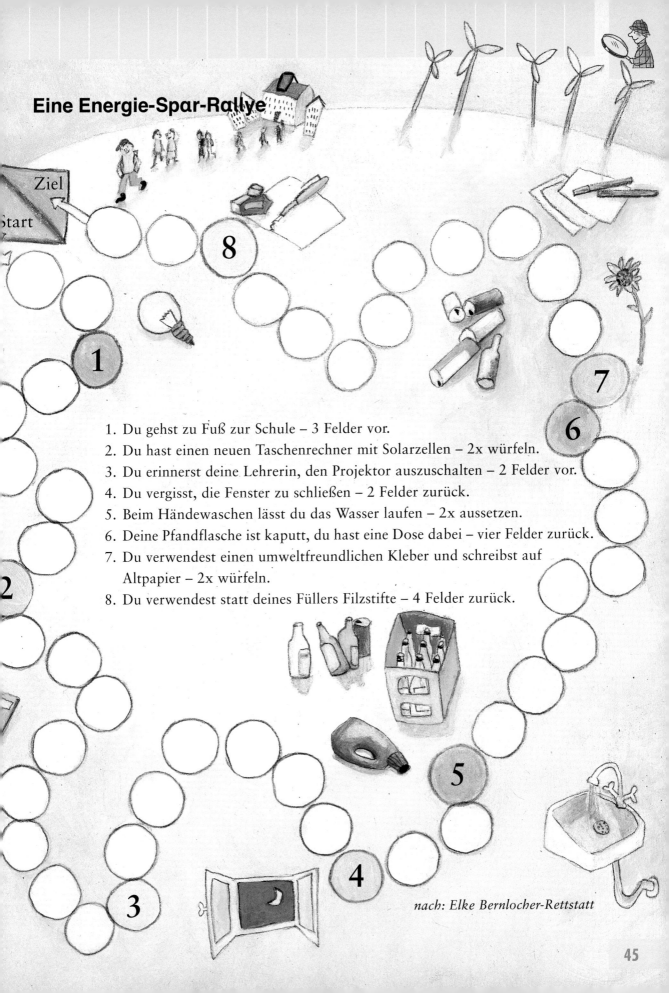

Eine Energie-Spar-Rallye

Ziel

Start

8

1

7

6

1. Du gehst zu Fuß zur Schule – 3 Felder vor.
2. Du hast einen neuen Taschenrechner mit Solarzellen – 2x würfeln.
3. Du erinnerst deine Lehrerin, den Projektor auszuschalten – 2 Felder vor.
4. Du vergisst, die Fenster zu schließen – 2 Felder zurück.
5. Beim Händewaschen lässt du das Wasser laufen – 2x aussetzen.
6. Deine Pfandflasche ist kaputt, du hast eine Dose dabei – vier Felder zurück.
7. Du verwendest einen umweltfreundlichen Kleber und schreibst auf Altpapier – 2x würfeln.
8. Du verwendest statt deines Füllers Filzstifte – 4 Felder zurück.

5

4

3

nach: Elke Bernlocher-Rettstatt

Der Eisbär

Der Eisbär …

- lebt in den nördlichen Polarregionen
- kann bis zu zweieinhalb Metern lang und sogar bis 800 kg
  schwer werden
- frisst Robben, Fische, Beeren und Früchte
- ist als Neugeborenes blind, taub und fast nackt
- kann bis zu 40 Jahre alt werden
- ist ein Einzelgänger
- hält Winterruhe
- schwimmt und taucht gern

1 Was weißt du noch über Eisbären?

2 Vergleicht die Bilder. Wo leben diese Eisbären?

3 Was kannst du tun, um lebende Eisbären zu sehen?

Interview mit einem Zoodirektor

Einer der ältesten und berühmtesten Zoos befindet sich in Frankfurt am Main. Sein Direktor heißt Dr. Christian Schmidt. Er berichtet im Interview über die Aufgaben eines Zoos.

 Welche Aufgaben haben Zoos?

Herr Dr. Schmidt
ist Direktor des
Frankfurter Zoos

Zoos helfen, bedrohte Tierarten zu schützen. Sie dienen aber auch der Forschung. Im Zoo können Tiere nämlich sehr genau beobachtet werden. Außerdem haben die Besucher eines Zoos natürlich viel Spaß an den Tieren.

 Warum sind manche Tiere in der Natur bedroht?

Der Lebensraum vieler Tiere verringert sich durch menschliche Eingriffe. Außerdem werden Tierbestände durch Wilderei gefährdet.

 Welche bedrohten Tierarten gibt es im Frankfurter Zoo?

Im Frankfurter Zoo gibt es etwa 600 Tierarten. Viele von ihnen sind von der Ausrottung bedroht. Zum Beispiel die Gorillas, die Mähnenwölfe, die Vikunjas und die Nashornleguane.

 Können Zoos helfen, den Bestand bedrohter Tiere in der freien Natur wieder zu erhöhen?

Ja, das können sie. Es gibt Programme zur Wiederauswilderung von Tieren, die in Zoos geboren worden sind. Zum Beispiel gelang es nur auf diese Weise, die Bestände des Alpensteinbocks vor der endgültigen Ausrottung zu bewahren.

 1 Wofür ist ein Zoo gut? Schreibe in Stichworten. ➜ S. 94

 2 Welche Tierart konnte auch mit Hilfe des Frankfurter Zoos gerettet werden? Warum? ➜ S. 78/79

Anton der Eisbär

Anton lebt im Zoo. In dem Buch „Anton der Eisbär" erfährst du mehr
über sein Leben. Hier ein Ausschnitt:

Guck' mal, ich bin der Anton, und das ist der
Herr Zoodirektor. Der heißt auch Anton und ist mein
Patenonkel. Wie ich zu dieser Ehre komme? Das war so:
Drei Tage vor Weihnachten, am 21. Dezember, feierte
5   der Zoodirektor Anton Kohm seinen Geburtstag, als er
plötzlich die Nachricht erhielt, dass die Eisbärenmama
Silke ein Kind bekommen hatte. „Ein Eisbärenbaby",
rief der Zoodirektor, „das ist mein allerschönstes
Geburtstagsgeschenk." Kannst du dir vorstellen, dass
10   ich nicht mehr als ein Pfund gewogen habe, als meine
Mama mich zum erstenmal liebevoll abschleckte?
Ich hatte einen Bärenhunger und trank die erste
Milch aus Mamas kuscheliger Bärenbrust. Kannst du
dir vorstellen, dass ich schon nach drei Monaten
15   40 Zentimeter groß war und zehn Kilogramm gewogen habe? Ganze
Schulklassen kamen extra wegen mir in den Zoo. „Ist der süß", sagten
die Kinder. Sie lachten, weil ich immer am Ohr meiner Schwester Antonia
herumschlecke. Einmal nämlich hat uns der Tierpfleger Honig gebracht,
der auf Antonias Ohr tropfte. Seitdem schlecke ich immer Antonias Ohr
20   ab. „Ohrschlecker, Ohrschlecker", riefen die Kinder. Und ein Lausbub
sagte: „Guck' mal, der Anton hat eine Macke!"
Ich habe mich toll entwickelt und bin ein Prachtexemplar von Eisbär.

Doris Lott

1   Wann wurde Anton geboren?

2   Wie schwer war Anton bei seiner Geburt?

3   Wer ist Antonia?

4   Warum nennen die Kinder Anton „Ohrschlecker"? → S. 78/79

Tiger-Wandzeitung

Lebensraum:
Indien und Ostasien einschließlich südliches Sibirien; lebt in halb offenen Wäldern, hohem Gras der Sumpfgebiete, dichten Bambushainen, schilfbestandenen Ufern von Seen und Flüssen.

Ernährung:
Außer Elefanten, Nashörnern und Büffeln jagt er alles, was frisches Fleisch liefert. Nur jeder 10. bis 20. Angriff führt zum Erfolg. Kleinere Tiere werden mit Nackenbiss getötet, bei größeren Tieren nutzt er die ungeheure Kraft seiner mächtigen Tatzen und seiner scharfen Krallen. Zieht getötete Beute ins Unterholz, möglichst in die Nähe von Wasser, um zwischendurch trinken zu können.

Lebensweise:
Einzelgänger; kennzeichnet Revier mit Urinspritzern und Kratzspuren an den Bäumen; sehr gute Tarnung; guter Schwimmer; Fähigkeit des lautlosen Anschleichens mit blitzschnellem Angriffssprung; wird ca. 15 Jahre alt.

Jungtiere:
Tragezeit beträgt etwa 100 Tage; ca. 3 Junge in der Größe von Hauskatzen; werden ca. 6 Monate gesäugt; Jungtiere erlernen etwa 2 Jahre lang die Jagd.

Artenschutz:
Um 1900 lebten etwa 100 000 Tiger in Asien. Davon wurden 95 % erschossen, vergiftet und ausgehungert. Man schätzt, dass es heute noch zwischen 5300 und 7400 frei lebende Tiger gibt. Ebenso viele leben weltweit in Zoo und Zirkus. Drei der acht Unterarten (der Bali-Tiger, Kaspische-Tiger und Java-Tiger) sind in den letzten Jahrzehnten ausgestorben. Die Jagd auf Tiger und der Handel mit getöteten Tigern und deren Einzelteilen zur Herstellung von „Arzneien" werden noch immer durchgeführt.

1 Stellt bildlich dar, wie viele Tiger 1900 lebten und wie viele heute.

2 Informiert euch darüber, warum es wichtig ist, dass Tiere in ihrer natürlichen Umgebung leben.

Unsere Wandzeitung

Bilder für eine Eisbären-Wandzeitung

1 Sammelt Informationen über den Eisbären und stellt eine eigene
Wandzeitung her. Die Tiger-Wandzeitung kann euch als Beispiel dienen.

2 Gibt es in deiner Nähe einen Zoo? Hast du ihn schon einmal besucht?
Erzähle.

3 Wie kann man Informationen über Zootiere erhalten?
Woher bekommt man Informationsmaterial? Sammelt eure Vorschläge.

4 Wähle ein Tier aus, informiere dich genau und stelle Material für eine
eigene Wandzeitung zusammen.

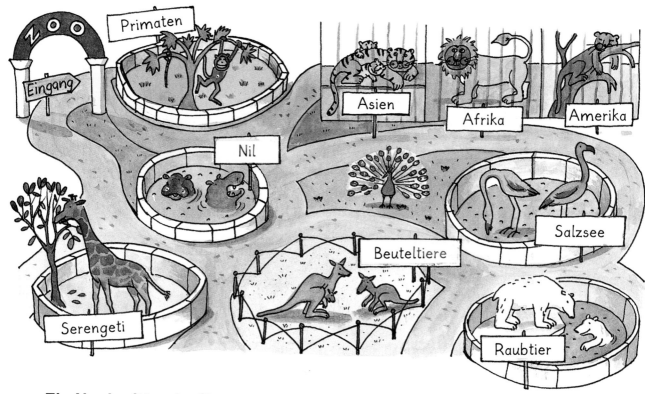

Ein Nachmittag im Zoo

Mara Dominguez besucht mit ihren Brüdern Paolo und Sandro den Zoo.
Zunächst geht sie mit den beiden zu den Primaten, weil Paolo darauf
besteht, dass er die Fütterung um 14 Uhr sieht. Sandro interessiert sich
besonders für den Nachwuchs der asiatischen Großkatze, denn er
5 befürchtet, dass diese Tierart bald ausstirbt. An den Raubtiergehegen
vorbei spazieren sie zu dem künstlichen Salzsee der Flammenvögel.
Dann entdeckt Mira das größte Landraubtier der Erde, das gerade badet.
Das Jungtier des australischen Beuteltieres verschwindet fast vollständig in
der Bauchfalte des Muttertieres. Vorbei an den riesigen Pflanzenfressern
10 der Serengeti schlendert Mara mit den Brüdern am Abend zum Ausgang
zurück, wo sich Sandro noch über Patenschaften für Zootiere erkundigt.

1 Gehe in Gedanken den gleichen Weg wie die Geschwister Dominguez.
Kennst du die Namen der Zootiere, die sie besuchen?

2 Was weißt du über die Tiere? Erzähle.

3 Schreibe alle Tunwörter (Verben) heraus. Schreibe die Grundform
daneben. ➜ S. 102, 105

Zoo-Berufe

Er betreut Tiere, die nicht in ihrer natürlichen Umgebung aufwachsen und leben können. Die Tiere versorgt er täglich mit Futter, er beobachtet sie aufmerksam und pflegt sie liebevoll. Er baut die Tierunterkünfte und reinigt sie. Mit der Zucht und dem Aufziehen der Jungen ist er ebenfalls beschäftigt. Bei tierärztlichen Untersuchungen assistiert er.
Dass die gesetzlichen Bestimmungen zum Schutz der Tiere eingehalten werden, darauf muss er bei seiner Arbeit immer achten.

1 Welcher Beruf ist gemeint? ➜ S. 97/98

2 Welches Wort steht in diesem Text immer für den Namen des Berufs?

> Wörter, die für ein Namenwort (Substantiv) stehen, nennt man Fürwörter (Pronomen).

Die Zoodirektorin ist für den Zoo verantwortlich. Die Zoodirektorin überwacht die Einnahmen und Ausgaben des Tiergartens. Die Zoodirektorin beschäftigt viele Menschen mit der Verwaltung des Zoos und der Pflege der Tiere. Welche Tiere im zoologischen Garten sind, entscheidet die Zoodirektorin. Die Zoodirektorin informiert die Besucher mit einer Broschüre über den Tiergarten.

3 Ersetze das Namenwort (Substantiv), das am häufigsten vorkommt, an einigen Stellen im Text durch ein passendes Fürwort (Pronomen).

Tierpfleger Kassiererin Zoogärtnerin Tierärztin Elektrikerin

4 Welche Zooberufe sind hier dargestellt? Ordne richtig zu.
Schreibe zwei Sätze zu jeder Person. Benutze das Fürwort (Pronomen).

Rätsel-Zoo

Ein anderes Wort für Essen: **N**

Asiatisches Hochgebirgsrind: **Y**

So sind einige Schlangen: **g**

Anderes Wort für getrocknete Blätter: **L**

5 Ein anderes Wort für exotisch: **f**

Schönes Insekt: **SCH**

Greifvogel, der sich gerne von Mäusen ernährt: **B**

Diese darf nicht weiter zerstört werden: **U**

Hier stehen Neuigkeiten vom Zoo: **Z**

10 Gebiet mit riesigen Bäumen, vielen Pflanzen und Tieren: **U**

Behausung für Vögel in Zoos: **K**

Teilnehmer einer Safari: **J**

An diesem Tag kommen viele Zoobesucher: **S**

Augenfarbe des Tigers: **g**

15 Dieses Gas brauchen alle Lebewesen: **L**

Das Gegenteil von zahm: **w**

Ein anderes Wort für Interview: **B**

Junges Huftier: **K**

Großes graues Tier: **E**

20 Diese Süßspeise mögen Bären gerne: **H**

1 Löse das Rätsel und schreibe die Antworten auf.

2 Beachte die Wortendungen. Schreibe die Wörter mit b, d, g am Ende heraus und schreibe die Mehrzahl oder die Steigerungen dazu. → S. 131/132

3 Die roten Buchstaben und Zeichen ergeben eine Lösung. Schreibe sie auf.

Arbeiten im Zoo

Semra und Gregor sind für die Außenanlage der Schleiereule
zuständig. Diesem weißgesichtigen Fluggeist gehört die Nacht.
Am Tage ist die Eule müßig, sie versteckt sich und schläft.
Heute ist es besonders heiß. Bei der Arbeit in der glühenden Sonne
5 rinnt Gregor der Schweiß über das Gesicht. Er nimmt den großen
Rechen und fegt allerlei Unrat zusammen.
Immer wieder schmeißen Zoobesucher Papier und Plastik durch die
Maschen des Zaunes: „Scheußlich!", schimpft Gregor.
Semra gießt die Pflanzen. Sie benutzt dafür keine Gießkanne,
10 sondern bewässert mit einem Schlauch die trockene Erde.
Das Wasser fließt so in jeden Winkel. An manchen Stellen sprießen
zarte Pflanzen durch die dunkle Humusschicht. Auch Semra hat
Schweißtropfen auf der Stirn.
Draußen, vor dem Zaun, stehen die Zoobesucher und
15 sehen den beiden bei der Arbeit zu. Ein Spaßvogel ruft
ihnen zu: „Hier, habt ihr was zu beißen!"
Semra und Gregor lachen und grüßen den Besucher
freundlich.
Sie verschließen die Tür sehr sorgfältig, nachdem sie die
20 Anlage verlassen haben.

 1 In diesem Text sind viele ß-Wörter. Schreibe sie auf. ➜ S. 129/130

2 Bilde mit ß-Wörtern zehn neue Wortzusammensetzungen.
   Z. B.: Außenspiegel, überfließen, einfließen …

der Spaß	beißen	fließen	schließen	heiß
draußen	das Wild	der Honig	das Laub	der Käfig

Der Zauberlehrling

Hat der alte Hexenmeister
Sich doch einmal wegbegeben!
Und nun sollen seine Geister
Auch nach meinem Willen leben!
5 Seine Wort' und Werke
Merkt' ich und den Brauch,
Und mit Geistesstärke
Tu' ich Wunder auch.
   Walle! Walle
10 Manche Strecke,
Dass zum Zwecke
Wasser fließe
Und mit reichem, vollem Schwalle
Zu dem Bade sich ergieße!

15 Und nun komm, du alter Besen!
Nimm die schlechten Lumpenhüllen!
Bist schon lange Knecht gewesen;
Nun erfülle meinen Willen!
Auf zwei Beinen stehe,
20 Oben sei ein Kopf,
Eile nun und gehe
Mit dem Wassertopf!
   Walle! Walle
   Manche Strecke,
25 Dass zum Zwecke
Wasser fließe
Und mit reichem, vollem Schwalle
Zu dem Bade sich ergieße!

Seht, er läuft zum Ufer nieder;
30 Wahrlich! ist schon an dem Flusse,
Und mit Blitzesschnelle wieder
Ist er hier mit raschem Gusse.
Schon zum zweiten Male!
Wie das Becken schwillt!
35 Wie sich jede Schale
Voll mit Wasser füllt!
   Stehe! Stehe!
   Denn wir haben
   Deiner Gaben
40 Vollgemessen!
   Ach ich merk' es! Wehe! Wehe!
   Hab' ich doch das Wort vergessen!

Ach, das Wort, worauf am Ende
Er das wird, was er gewesen.
45 Ach, er läuft und bringt behände!
Wärst du doch der alte Besen!
Immer neue Güsse
Bringt er schnell herein,
Ach! und hundert Flüsse
50 Stürzen auf mich ein.
   Nein, nicht länger
   Kann ich's lassen;
   Will ihn fassen.
   Das ist Tücke!
55 Ach, nun wird mir immer bänger!
Welche Miene! Welche Blicke!

Oh du Ausgeburt der Hölle!
Soll das ganze Haus ersaufen?
Seh' ich über jede Schwelle
50 Doch schon Wasserströme laufen.
Ein verruchter Besen,
Der nicht hören will!
Stock, der du gewesen,
Steh doch wieder still!
55   Willst's am Ende
  Gar nicht lassen?
  Will dich fassen,
  Will dich halten
  Und das alte Holz behände
70   Mit dem scharfen Beile spalten.

Seht, da kommt er schleppend wieder!
Wie ich mich nun auf dich werfe!
Gleich, o Kobold, liegst du nieder;
Krachend trifft die glatte Schärfe!
75 Wahrlich, brav getroffen!
Seht, er ist entzwei!
Und nun kann ich hoffen,
Und ich atme frei!
  Wehe! Wehe!
80   Beide Teile
  Stehn in Eile
  Schon als Knechte
  Völlig fertig in die Höhe!
  Helft mir, ach! ihr hohen Mächte!

85 Und sie laufen! Nass und nässer
Wird's im Saal und auf den Stufen.
Welch entsetzliches Gewässer!
Herr und Meister, hör mich rufen!
Ach, da kommt der Meister!
90 Herr, die Not ist groß!
Die ich rief, die Geister,
Werd ich nun nicht los.
  „In die Ecke,
  Besen, Besen!
95   Seid's gewesen!
  Denn als Geister
  Ruft euch nur zu seinem Zwecke
  Erst hervor der alte Meister."

Johann Wolfgang v. Goethe

1 Lies die Ballade.

2 Wer spricht die Ballade fast ganz?

3 Welchen Teil spricht jemand anders?

4 Lies die Ballade deinem Nachbarn vor. ➜ S. 71, 83

Die kleine Hexe

Otfried Preußler

Die kleine Hexe saß auf der Bank vor dem
Backofen, hatte das Hexenbuch auf den Knien
liegen und übte das Regenmachen. Der Rabe
Abraxas saß neben ihr und war unzufrieden.

5 „Du sollst einen Regen machen", krächzte er
vorwurfsvoll, „und was hext du? Beim ersten Mal
lässt du es weiße Mäuse regnen, beim zweiten Mal
Frösche, beim dritten Mal Tannenzapfen."
Da versuchte die kleine Hexe zum vierten Mal einen Regen zu machen.

10 Sie ließ eine Wolke am Himmel aufsteigen, winkte sie näher und rief,
als die Wolke genau über ihnen stand: „Regne!" Die Wolke riss auf, und
es regnete – Buttermilch.
„Buttermilch!", kreischte Abraxas. „Mir scheint, du bist vollständig
übergeschnappt! Was willst du denn noch alles regnen lassen?

15 Wäscheklammern vielleicht? Oder Schusternägel? Wenn es doch
wenigstens Brotkrümel oder Rosinen wären!"
„Ich muss mich beim Hexen versprochen haben", sagte die kleine Hexe.
„Versprochen haben!", krächzte der Rabe Abraxas. „Ich werde dir sagen,
woran es liegt. Zerstreut bist du! Wenn man beim Hexen an alles Mögliche

20 denkt, muss man sich ja verhexen!"
„Findest du?", meinte die kleine Hexe. Dann klappte
sie plötzlich das Hexenbuch zu. „Du hast Recht!",
rief sie zornig. „Es stimmt, dass ich nicht bei der Sache
bin. Und warum nicht?" Sie blitzte den Raben an:

25 „Weil ich Wut habe!"

Otfried Preußler

1 Was hat die kleine Hexe bei ihren Hexenversuchen alles regnen lassen?

2 Abraxas sagt der kleinen Hexe, warum sie sich dauernd verhext.
Suche diese Textstelle und lies sie vor. → S. 78/79

3 Überlege, warum die kleine Hexe wütend ist. Begründe.

Meine Zaubergeschichte

Der kleine Zauberer

Es war einmal ein kleiner Zauberer. Er wollte sich ein Eis
zaubern, aber er hatte etwas falsch gemacht.
Er hatte den Leuten rote Nasen gezaubert, dann haben die Leute
viel gelacht. Aber der kleine Zauberer wollte das nicht.
Dann wollte er einen roten Apfel haben. Es hat gedonnert,
geblitzt, und der kleine Zauberer hat wieder etwas falsch
gemacht.
Wisst ihr, was er falsch gemacht hat? Er hat die Leute
zu Buchstaben gemacht, da mussten die Leute wieder viel
lachen. Aber jetzt reichte es. Er ging zu Zauberer Halifax.
Der Zauberer Halifax sagte: „Ich gebe dir ein Zauberbuch,
dann kannst du lernen."
Der kleine Zauberer hat geübt und geübt und dann wollte er
ein Eis zaubern.
Was denkt ihr denn?
Es klappte!
Da freute sich der kleine Zauberer.

Hülya, 9 Jahre

1 Lies Hülyas Geschichte.

2 Was gefällt dir an Hülyas Geschichte, was gefällt dir nicht?

3 Vergleiche die Geschichte mit dem Text „Die kleine Hexe".
Was ist ähnlich, was ist anders?

4 Schreibe auch eine Geschichte, in der der kleine Zauberer erst etwas
falsch macht. ➜ S. 86

Zaubertrick: Wo sind die Streichhölzer?

1 Du brauchst:
- drei leere Streichholzschachteln
- eine halb volle Streichholzschachtel
- ein Gummiband

leer   halb voll   Gummi

2 Du bereitest den Trick vor:

Die halb volle Streichholzschachtel bindest du dir
mit dem Gummiband an deinen **rechten** Arm.
Diese Schachtel darf bei der Vorführung niemand sehen!

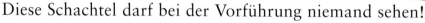

3 Du führst den Trick vor:

Lege die drei leeren Schachteln nebeneinander.

Du behauptest: „Ich habe hier drei Streichholzschachteln, zwei sind leer
und in einer sind Hölzer drin." Während du das sagst, schüttelst du mit
deiner **linken** Hand zwei leere Schachteln und dann mit deiner **rechten**
Hand die dritte leere Schachtel. Dabei hört man es jetzt klappern.

Du sagst: „Ich verschiebe jetzt die drei Schachteln und ihr müsst raten,
wo die Schachtel mit den Hölzern ist."

Jetzt verschiebst du mit der **linken** Hand die drei leeren Schachteln
mehrere Male so, dass jede Schachtel auf einen anderen Platz kommt.
Immer wenn die Zuschauer raten, wo die Schachtel mit den Hölzern ist,
schüttelst du mit der **linken** Hand die gezeigte Schachtel.
Alle werden verblüfft sein.

mehrmals verschieben

1 Probe den Trick und führe ihn dann vor.

2 Übe andere Zaubertricks und führe sie vor. Zauberbücher und
Zauberkästen helfen dir neue Tricks zu lernen.

Mein Zaubertrick

Zaubertrick: Der durchstochene Luftballon

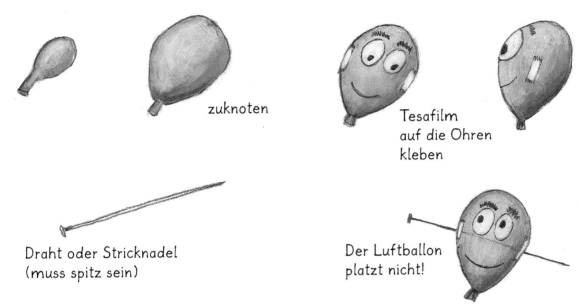

zuknoten

Tesafilm
auf die Ohren
kleben

Draht oder Stricknadel
(muss spitz sein)

Der Luftballon
platzt nicht!

Zaubertrick: Der Becher auf der Kante

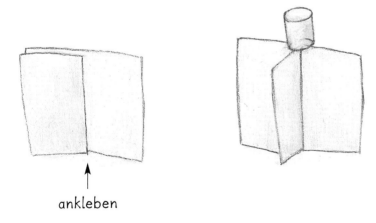

ankleben

1 Wähle einen Zaubertrick und probiere ihn aus.

2 Erkläre, wie die Tricks funktionieren.

3 Wo müssen beim Zaubertrick mit dem Becher die Zuschauer sitzen?

4 Schreibe zu einem Zaubertrick eine Anleitung, so dass ihn jede Zauberin
und jeder Zauberer ohne die Bilder durchführen kann.

Zauber-Schreibspiel mit V/v

Du brauchst ca. drei cm breite Pappstreifen, eine Schere, ein Lineal, einen Stift.

1. _____ Linie mit dem Lineal ziehen

2. ——— verboten ——— Genau auf der Linie mit Druckschrift schreiben

3. ——— verboten ——— Genau auf der Linie durchschneiden

Weitere Wörter mit V/v:
vielleicht, viel, vorsichtig, Vorfahrt, vorbei, Vampir, Verkehr, vorlesen, Ventil, Vollmond, Volk, verkehrt, verzaubern

Merke dir genau, bei ver- und vor- das v.

1 Spiele das V-Spiel. Gib deiner Nachbarin oder deinem Nachbarn nur die obere oder die untere Hälfte des Wortes.
Kann sie oder er das Wort lesen?

2 Suche noch mehr V-Wörter im Wörterbuch.

3 Schreibe die Wörter auf Kärtchen. Ordne Sie.
Wie kann man sie sortieren?

vielleicht   verboten   der Vampir   glücklich   friedlich
freundlich   lustig   giftig   windig   mutig

Wiewörter (Adjektive) mit -ig und -lich

fröhlich   traurig   friedlich   freundlich   lustig   giftig   gemütlich   bissig

1 Welches Wiewort (Adjektiv) passt zu welchem Zauberer?
Male die Gesichter ab und schreibe die Wiewörter (Adjektive) dazu.

Der Zauberer Obosoxos zaubert Verlängerungen. Er zaubert alles länger:
Lineale, Beine, Fernsehzeiten und Adjektive (Wiewörter).

verlängern

bissi◯ ??   → ein bissiger Hund   → bissig
friedli◯ ??   → eine friedli<u>ch</u>e Klasse   → friedli<u>ch</u>

gefährl◯   riesi◯   fröhli◯   sandi◯

2 Verlängere die Wiewörter (Adjektive) so, wie Obosoxos das gemacht
hat. → S. 100

3 Schreibe zuerst die Verlängerung auf ein Kärtchen.
Schreibe dann das Wiewort (Adjektiv) auf die Rückseite. Schreibe so:

eine giftige Beere

giftig

Wiewörter (Adjektive): Vergleichsformen

Werner   Hanne   Pit   Iris

Hanne ist kleiner als Werner, aber größer als Pit. Pit ist kleiner als Iris. Iris ist am größten.

Franz ist genauso groß wie Hans, aber größer als Lotte.
Der Zauberer ist am größten von allen.

1 Zeichne die Personen als Strichmännchen in dein Heft.

2 Schreibe selbst so eine Aufgabe für deine Partnerin, deinen Partner. Suche dir Wiewörter (Adjektive) aus. → S. 99

Ocan   Franziska   Helmut

3 Schreibe auf, wie stark die Kinder sind.

4 Erfinde selbst so einen Vergleich. Zeichne ihn auf und gib die Zeichnung als Aufgabe weiter.

5 Alle Kisten sind gleich groß. Vergleiche die Inhalte der Kisten mit „schwer" und „leicht".
Schreibe so: *Gold ist am schwersten,*
Gold ist schwerer als Stahl.
Stahl ist schwerer als ...
Luft ist am leichtesten.

Informationen aus dem Lexikon

Vampir: Verwandt mit den Blattnasenfledermäusen. Vampire der amerikanischen Tropen leben ausschließlich von Blut, das sie aus kleinen Wunden auflecken. Diese Wunden fügen sie ihrer warmblütigen Beute zu. Das sind Geflügel, Rinder, Pferde, Schweine und gelegentlich auch Menschen. Ihre Zähne sind rasiermesserscharf.

Vampir

1.) Volksglauben: Im slawischen Volksglauben Verstorbene, die nachts ihrem Grab entsteigen, um Lebenden das Blut auszusaugen.

2.) Biologie, Zoologie: Familie Blut leckender Fledermäuse in den amerikanischen Tropen. Sie beißen – unbemerkt – durch weiche Hautpolster an Handgelenken und Fußsohlen schlafende Haustiere.

Vampir

Vera ist allein und kann nicht einschlafen. Sie schaltet den Fernsehapparat an. Als Vera die Hauptperson des Films sieht, erschrickt sie.
Das ist nämlich ein Vampir. Er hat zwei lange, spitze Zähne.
Kerngesund wirkt dieser todbleiche Kerl nicht gerade. Vampire sollen die Geister von Toten sein. Nachts steigen sie – so erzählt man – aus ihren Gräbern. Dann beißen sie angeblich die Menschen und saugen ihr Blut.
Vera denkt: „Milch wäre ein viel besseres Getränk für sie." Zum Glück gibt es solche Vampire nur in Filmen und Geschichten. Nach dem Vampirfilm kann Vera erst recht nicht einschlafen.
Vampir nennt man auch eine große, langohrige Fledermausart, die in Südamerika lebt.

1 Welcher Vampir-Text gefällt dir am besten?

2 In einem Lexikon findest du die Wörter wie in einem Wörterbuch nach dem Alphabet geordnet. Warum? → S. 122

3 Informiere dich in einem Lexikon zu den Wörtern: Fledermaus, Hexe, Rabe, Zauber, Zauberbuch, Zauberlehrling.

Die Insel der 1000 Gefahren

*Dies sind Ausschnitte aus dem Buch „Die Insel der 1000 Gefahren"
von Edward Packard.*

Du rennst durch den Wald. Knurrend und bellend verfolgen dich die
Hunde. Du hast keine andere Wahl – du musst in den Fluss springen.
Du schwimmst ans andere Ufer und kannst drüben die Hunde noch
heulen hören. Du wanderst durch den Wald und kommst an eine
Lichtung. Vor dir liegt eine große Hütte mit einem Strohdach. In der
Hütte steht eine Gruppe von merkwürdig gekleideten Frauen mit
spitzen Hüten vor riesigen Töpfen mit einem kochenden Gebräu.
Eine von ihnen zieht dich in die Hütte und sagt:
„Wir haben dich erwartet. Koste von diesem Geheimtrank."

Wenn du von dem Geheimtrank trinkst, lies weiter auf Seite ➜ 63

Wenn du dich weigerst, davon zu trinken, lies weiter auf Seite ➜ 64

35

Das Gebräu schmeckt schauderhaft, und im gleichen Augenblick
wünschst du, du hättest es nie probiert. Du hast ein übles Gefühl im
Bauch und setzt dich hin. Die Hexen werden größer und wirbeln
wild herum, bis du nur noch rasende Schatten und Farben siehst.
Jetzt steigst auch du auf in die Luft, fällst wieder und schaukelst
dabei von einer Seite zur anderen. In deinem Ohr ist ein
rhythmisches Splaschwaschsplasch. Eine Stimme ruft: „Hallo,
Abendessen!" Es ist Dr. Frisbee! Du hast geträumt, die ganze Zeit
geträumt. Und ganz langsam wird dir klar, dass du immer noch auf
deinem Schiff bist – unterwegs zu den Galapagos-Inseln.

63

Als du dich weigerst, von dem Geheimtrank zu probieren,
werden die Hexen sehr wütend. Sie tanzen kreischend um dich
herum. Dabei verfallen sie in einen merkwürdigen Singsang und
schwingen die Arme, als ob sie einen Fluch über dich aussprechen
wollten. Du bist wütend und trittst ihre Kessel um. Plötzlich sind
die Hexen verschwunden, und vor dir steht eine große Schildkröte.
„Du hast mich vom Fluch der Andaga erlöst", sagt die Schildkröte,
„was kann ich zum Dank für dich tun?"
„Bring mich zu einem Schiff, das nach Amerika fährt",
antwortest du. Die Schildkröte schweigt, geht aber auf dich zu.

Lies weiter auf Seite ➜ 88   64

Du steigst auf die Schildkröte. Ohne dich zu bemerken, wankt sie
weiter. Obwohl sie jetzt nicht mehr zu dir spricht, weißt du, dass sie
verhext sein muss. Eine Stunde später kommt die Schildkröte an
einen Strand und läuft geradewegs auf das Meer zu. Du hältst dich
gut an ihrem hornigen Panzer fest.

Wenn du auf ihr sitzen bleibst, lies weiter auf Seite ➜ 106

Wenn du abspringst, lies weiter auf Seite ➜ 89   88

Du springst ab und schaust zu, wie sie ins Meer hinausschwimmt.
Du gehst über den Strand zurück ins Gebüsch. Du merkst, dass du
hungrig und durstig bist.

Zurück zu Seite ➜ 16   89

1 Wie musst du hier lesen?

Zuhören

Bei einem Gespräch ist es wichtig zuzuhören. Wenn du der Zuhörer bist, solltest du den Sprecher ansehen und manchmal nicken oder lächeln. Du kannst deinen Partner aufmuntern, wenn du ihm mit einem freundlichen „Ja" oder „Hm" zustimmst.

1 Welche Kinder hören einander zu, welche nicht?
Woran erkennst du das?

2 Kennst du noch andere Hinweise, an denen du sehen kannst,
dass man sich zuhört?

3 Erzähle deinem Partner, was du seit dem Aufstehen gemacht hast.
Er nickt dir zwischendurch zu, lächelt oder bestätigt dich mit „hm".

4 Wiederholt die Übung. Erzähle, was du heute Nachmittag planst.
Diesmal ist dein Partner unaufmerksam: Er sieht dich nicht an,
bindet sich die Schuhe oder kramt in seiner Schultasche.

5 Sage deinem Partner, wie du dich in den beiden
Gesprächssituationen gefühlt hast.

Aufeinander eingehen

Du zeigst auch, dass du gut zuhörst, indem du manchmal wiederholst, was dein Partner gerade gesagt hat. Du kannst das hier trainieren.

1 Was wird wiederholt?

2 Setzt in eurer Klasse das Training fort.
Achtet darauf, dass ihr euch dabei anseht.

3 Trainiert solche Gespräche in der kleinen Gruppe.
Themenvorschläge: Lieblingsessen, Lieblingsspiel,
Lieblingsbuch, Lieblingsfilm.

In ein Gespräch kommen

Um in ein Gespräch zu kommen, können dir kurze Rückfragen und Einleitungen helfen.

1 Sammelt weitere Fragen, mit denen die Kinder ihr Gespräch beginnen könnten.

2 Welche Gesprächseinleitungen fallen euch noch ein?

Unterschiedlich sprechen

Du kannst hier üben, bewusst auf deine Stimme zu achten
und deine Stimme bewusst zu verändern.

Ich bin furchtbar nervös und spreche sehr schnell. Johann, wie sprichst du?

Ich spreche ganz leise, ihr könnt mich kaum hören. Wie sprichst du Mehmet?

Ich bin müde und schlafe beim Sprechen fast ein. Stefan.

Ich spreche ganz undeutlich. Wie sprichst du, Niklas?

Ich spreche sehr deutlich, ihr könnt alles verstehen. Dari, wie sprichst du?

Ich spreche ganz laut, euch tun gleich die Ohren weh. Wie sprichst du, Jennifer?

Ich - spre - che - wie - ein - Ro - bo - ter - auf - dem - Ju - pi - ter.

1 Lies die Sätze leise.

2 Bildet eine Gruppe. Suche dir einen Satz aus.
Merke dir den Satz und sprich ihn so vor, wie es im Satz steht.

3 Wiederholt die Übung mit anderen Sätzen.

4 Sprecht die Sätze auf einen Kassettenrekorder.
Dann könnt ihr noch besser hören, wie ihr sprecht.
Könnt ihr die Stimme noch verbessern?

Gespräche in der Gruppe

Ihr könnt sinnvoller und besser in der Gruppe arbeiten, wenn jeder von euch eine bestimmte Aufgabe übernimmt. Wichtige Aufgaben in einer Gruppe sind: die Gesprächsleitung, das Zeitnehmen, das Protokollieren. Gesprächsteilnehmer ist jeder.

Gesprächsleiter:

- Ich leite die Gruppenarbeit.
- Ich achte darauf, dass sich alle an die Regeln halten.
- Ich höre gut zu.
- Ich denke mit.
- Ich spreche verständlich.

Zeitnehmer:

- Ich achte auf die Zeit.
- Ich höre gut zu.
- Ich denke mit.
- Ich spreche verständlich.

Teilnehmer:

- Ich höre gut zu.
- Ich denke mit.
- Ich spreche verständlich.

Protokollant:

- Ich schreibe alles Wichtige mit.
- Ich höre gut zu.
- Ich denke mit.
- Ich spreche verständlich.

1 Lest, was auf den Karten steht.

2 Stellt euch solche Karten her. Wollt ihr noch etwas ergänzen?

3 Setzt die Karten bei der nächsten Gruppenarbeit ein.

Beschreiben

Du willst ein Wort oder eine Sache gut beschreiben.
Dazu solltest du Wörter benutzen, die dein Zuhörer kennt.

Beispiel:
Du willst beschreiben, was ein **Autor** ist. Du suchst ein Wort mit
der gleichen Bedeutung, zum Beispiel „Dichter" oder „Schreiber".
Und du kannst zum Beschreiben noch diese Wörter benutzen:
Mensch, Buch, Geschichte, Gedicht, Märchen, schreiben,
aufschreiben, für Leser, …

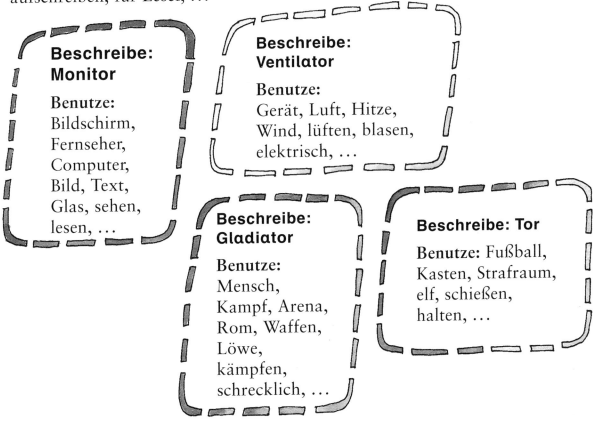

Beschreibe: Monitor

Benutze:
Bildschirm,
Fernseher,
Computer,
Bild, Text,
Glas, sehen,
lesen, …

Beschreibe: Ventilator

Benutze:
Gerät, Luft, Hitze,
Wind, lüften, blasen,
elektrisch, …

Beschreibe: Gladiator

Benutze:
Mensch,
Kampf, Arena,
Rom, Waffen,
Löwe,
kämpfen,
schrecklich, …

Beschreibe: Tor

Benutze: Fußball,
Kasten, Strafraum,
elf, schießen,
halten, …

1 Finde zu einem der Begriffe weitere Beschreibe-Wörter.
Beschreibe deinem Partner dann den Begriff.

2 Stellt euch selbst solche Karten her.

3 Spielt mit euren Karten das Beschreibe-Spiel: Ihr lest eurem Partner
nur die Beschreibe-Wörter vor. Er muss raten, was gemeint ist.

Zusammenhängend erzählen

Damit deine Gesprächspartner dich verstehen, musst du unbedingt in der richtigen Reihenfolge erzählen: Erzähle nacheinander, was geschieht.

Witze

„Wau, wau", sagt der eine.

„Tja", antwortet der andere, „Fremdsprachen gelernt!"

Darauf der andere: „Kikeriki!"

„Nanu", fragt der erste, „was heißt das denn?"

Zwei Hunde treffen sich.

Ein Indianer fragt den anderen.

„Das kommt drauf an:

„Wie viel Holz brauchst du für dein Feuer, wenn du Rauchsignale sendest?"

Ortsgespräch oder Ferngespräch."

1 Schreibe jeden Satz auf einen einzelnen Papierstreifen.

2 Ordne die Papierstreifen in der richtigen Reihenfolge und klebe sie auf.

3 Erzähle den Witz jemandem, der ihn nicht kennt.

Knapp und vollständig erzählen

Wenn du über etwas berichtest oder wenn du etwas beschreibst,
dann musst du so genau wie möglich berichten oder beschreiben.
Achte darauf, dass du keine wichtigen Informationen vergisst.
Aber lasse auch alles Unwichtige weg.

Paul beschreibt den Kindern der Pinguinklasse
ein Computerspiel über Achterbahnen:

„Wenn die Menschen Achterbahn fahren,
dann kreischen sie, wenn es runtergeht. Es ist
ziemlich teuer. Aber es macht auch Spaß.
Am liebsten spiele ich mit Malte. Das Spiel
5 kostet ungefähr 45 DM. Gestern habe ich mit
Justus gespielt. Morgen darf ich nicht, da
gehen wir einkaufen. Und ich will auch noch
in die Bücherei gehen und mir zwei Bücher über
das Zaubern holen. Mit dem Spiel kann man
10 Achterbahnen bauen. Ach, vergessen habe ich
noch das: Manchmal regnet es auch im Spiel.
Ich kann auch so viele Karussells und Gokart-
Bahnen und 3-D-Kinos bauen, wie ich will.
Die Landschaft kann ich auch gestalten. Und
15 was ich noch sagen wollte: Den Menschen, die
Achterbahn fahren, kann sogar übel werden."

1 Hat Paul das Spiel gut beschrieben? Begründe deine Meinung.

2 Schreibe **nur** die Sätze heraus, die zur Beschreibung des Spiels wirklich
wichtig sind.

3 Welche Sätze gehören zusammen? Nummeriere in der passenden
Reihenfolge. Fange mit dem Satz in Zeile 9 an. Lies die Sätze laut im
Zusammenhang.

Interview vorbereiten

Wenn du von einem Menschen etwas erfahren willst, bietet sich ein Interview an. Bei einem Interview musst du Fragen stellen. Die Fragen musst du dir vorher überlegen.

Die Kinder der Klasse 3c arbeiten im Sachunterricht gerade über Haustiere. Zu den Wellensittichen fällt ihnen nicht viel ein. Da meldet sich Isabell: „Mein Vater ist doch Zoohändler, der weiß sehr viel über Wellensittiche." Die Klasse entschließt sich, mit Isabells Vater ein Interview zu machen und alle Kinder denken sich Fragen dazu aus.

> Wann schläft ein Wellensittich?

> Wie lange schläft er?

> Wie schläft der Wellensittich?

> Kann er auch auf einem Bein schlafen wie ein Flamingo?

> Wo schläft der Wellensittich?

> Warum fällt der Wellensittich beim Schlafen nicht von der Stange?

> Träumt er, wenn er schläft?

> Wie träumt er?

> Schläft er auch am Tage?

> Macht er auch seine Augen zu, wenn er schläft?

1 Überlegt euch weitere Fragen, um noch mehr über den Wellensittich zu erfahren.

2 Prüft, ob die Fragen auch zum Thema gehören.

3 Viele Fragen fangen mit „W" an. Schreibt alle Fragewörter mit „W" ab. Fallen euch weitere W-Fragewörter ein?

4 Auf welche Fragen kann man nur mit Ja oder Nein antworten? Warum?

5 Bei welchen Fragen erfährst du mehr?

Interview durchführen

Für ein Interview kannst du einen Kassettenrekorder, eine leere Kassette und ein Mikrofon gut gebrauchen. Was du beim Interview beachten musst, zeigen dir die folgenden Bilder:

1 Bringt einen Kassettenrekorder mit Mikrofon in die Schule mit. Wie wird er bedient?

2 Übt die Begrüßung und das Ende des Interviews. Ein Kind spielt einen Feuerwehrmann oder eine Schauspielerin. Ein anderes Kind interviewt.

Textverständnis

Emil und die Detektive

Emil darf in den Ferien von Neustadt zu seiner Tante nach Berlin fahren.
Der Koffer ist gepackt. Jetzt spricht Frau Tischbein, seine Mutter,
noch mit ihm.

„So, Emil! Hier sind hundertvierzig Mark.
Ein Hundertmarkschein und zwei Zwanzigmark-
scheine. Hundertzwanzig Mark gibst du der
Großmutter und sagst ihr, sie soll nicht böse sein,

5 dass ich voriges Mal nichts geschickt hätte.
Da wäre ich zu knapp gewesen. Und dafür
brächtest du es diesmal selber. Und mehr als
sonst. Und gib ihr einen Kuss. Verstanden?
Die zwanzig Mark, die übrig bleiben,

10 behältst du. Davon kaufst du dir die Fahrkarte,
wenn du wieder heimfährst. Das macht ungefähr zehn Mark.
Genau weiß ich's nicht und von dem Rest bezahlst du, wenn ihr ausgeht,
was du isst und trinkst. Außerdem ist es immer gut, wenn man ein paar
Mark in der Tasche hat, die man nicht braucht und für alle Fälle parat

15 hält. Ja, und hier ist das Kuvert von Tante Marthas Brief. Da stecke ich
das Geld hinein. Pass mir ja gut auf, dass du es nicht verlierst!
Wo willst du es hintun?"
Sie legte die drei Scheine in den seitlich aufgeschnittenen Briefumschlag,
knickte ihn in der Mitte um und gab ihn Emil.

20 Der besann sich erst eine Weile. Dann schob er ihn in die rechte innere
Tasche, tief hinunter, klopfte sich, zur Beruhigung, noch einmal von außen
auf die blaue Jacke und sagte überzeugt: „So, da klettert es nicht heraus."
„Und erzähle keinem Menschen im Coupé, dass du so viel Geld bei dir
hast." „Aber Muttchen!" Emil war geradezu beleidigt, ihm so eine

25 Dummheit zuzutrauen! Frau Tischbein tat noch etwas Geld in ihr
Portemonnaie. Dann trug sie den Blechkasten wieder zum Schrank
und las rasch noch einmal den Brief, den sie von ihrer Schwester aus Berlin

erhalten hatte und in dem die genauen Abfahrts- und Ankunftszeiten des
Zuges standen, mit dem Emil fahren sollte.

30 *Emil sitzt nun in einem Abteil im Zug nach Berlin. Zunächst ist er mit*
vielen Leuten zusammen. Die steigen nach und nach aus.

Und dann waren er und der Herr mit dem steifen Hut allein.
Das gefiel Emil nicht sehr. ...
Emil wollte zur Abwechslung wieder einmal nach dem Kuvert fassen.
35 Er wagte es aber nicht, sondern ging, als der Zug weiterfuhr,
auf die Toilette, holte dort das Kuvert aus der Tasche, zählte das Geld –
es stimmte immer noch – und war ratlos, was er machen sollte.
Endlich kam ihm ein Gedanke. Er nahm eine Nadel, die er im Jackett-
kragen fand, steckte sie erst durch die drei Scheine, dann durch das Kuvert
40 und schließlich durch das Anzugfutter durch. Er nagelte sozusagen sein
Geld fest. So, dachte er, nun kann nichts mehr passieren.
Und dann ging er wieder ins Coupé.

... Wie wichtig die Nadelstiche sind, könnt ihr im Buch nachlesen.

Erich Kästner

1 Lies den Text sorgfältig.

2 Welche Wörter kennst du noch nicht? Vermute erst, was sie bedeuten.
Schlage dann nach, ob die Vermutung stimmt?

3 Beantworte folgende Fragen und schreibe die Zeilennummern auf.
• Wie viel Geld darf Emil für sich behalten und
was darf er damit machen?
• Wo steckt die Mutter das Geld hin?

Vorausschauendes Lesen

Rennschwein Rudi Rüssel

1 Schau dir das Titelbild an.
Worum könnte es in der Geschichte gehen?

*Dies ist der Anfang des Buches „Rennschwein Rudi Rüssel"
von Uwe Timm. Einige Wörter sind nicht vollständig abgedruckt.*

Schaukelpferd,
Wir haben zu Hause ein **Sch**af,
Schwein.
Schultasche,
Ich meine damit nicht meine kleine **Sch**wester,
Schubkarre,
sondern ein richtiges Sch███, das auf den Namen Rudi Rüssel hört.
Wie wir zu dem Sch███ gekommen sind? Das ist eine lange G████████.
5   Zwei J███ ist es her, da fuhren wir an einem Sonntag aufs Land.
Wir, das sind meine M█████, mein Vater, meine Sch██████ Betti,
die nur ein Jahr j█████ ist als ich, und Zuppi, meine kleine Schwester.
Wir fuhren in die Lüneburger Heide, und dann begann das, was wir
K█████ überhaupt nicht mögen – es wurde gewandert.
10 Fürchterlich. Wir latschten durch die Gegend, und Vater und Mutter
sagten alle naslang: „Guckt mal da, wie sch██!" Sie blieben dann jedesmal
stehen und zeigten auf irgendeinen Hügel oder B███. Sie erwarteten, dass
wir staunten. Aber was soll man schon zu einem Hügel s████? Und weil
wir dann immer sagten, wir wollen eine Limo, wurde Mutter langsam
15 b███ und meinte, wir sollten gefälligst erstmal etwas laufen. Dabei taten
uns schon die B████ weh, und Zuppi quengelte, sie könne nicht mehr
l█████. Daraufhin nahm Vater sie auf die Sch██████ und stapfte durch die

sandigen Wege, schwitzte und redete nicht mehr von der Schönheit
der Landschaft. Endlich kamen wir nach Hörpel, einem kleinen Dorf.
20 In einem Gasthof wurde gerade ein F gefeiert. Die Dorffeuerwehr
hatte ihr 50-jähriges Jubiläum. Unter den Kastanienbäumen saßen die
Leute an langen Holztischen, tranken Bier und aßen B .
Auf einem Podium spielte eine Blaskapelle. Wir konnten uns endlich
hinsetzen und bekamen unsere L .
25 Jeder, der ein L kauft, hilft damit, dass wir uns einen neuen
Hochdruckschlauch k können. Es gibt viele kleine und einen
sehr nahrhaften Hauptpreis.
Dann kam ein Mann an unseren Tisch mit einem kleinen Eimer in
der H , und darin waren die L . Jeder von uns durfte sich
30 eins kaufen. Mein L war eine N . Betti bekam einen Trostpreis,
einen Fahrradwimpel mit der Aufschrift: Freiwillige Feuerwehr
Hörpel.
Zuppi zog eine rote Nummer. Als die Lose verkauft waren, rannte
sie damit nach vorn zum Podium. Der Feuerwehrmann ließ sich das
35 Los zeigen und rief: „Die Nummer 33! Hier ist die G des
Hauptpreises! Wie alt bist du?"
„Sechs."
„Gehst du schon zur Sch ?"
„Nein, ich bin erst vor zwei Wochen sechs geworden."
40 „Weißt du, was du gewonnen hast?"
„Nein."
„Du hast Schwein. Du hast nämlich ein Sch gewonnen."

1 Lies den Text zunächst leise. Probiere dabei, welches Wort passt.

2 Lest den Text nun zu zweit. Ihr lest abwechselnd einen Satz
nach dem anderen vor und vergleicht, welche Wörter ihr erraten habt.

3 Wie habt ihr die Wörter herausfinden können?

Sinnbetonendes Lesen: Zeilensprung

Fips

Ein kleiner Hund mit Namen Fips
erhielt vom Onkel einen Schlips
aus gelb und roter Seide.

Die Tante aber hat, o denkt,
5   ihm noch ein Glöcklein umgehängt
zur Aug- und Ohrenweide.

Hei, ward der kleine Hund da stolz!
Das merkt sogar der Kaufmann Scholz
im Hause gegenüber.

10 Den grüßte Fips sonst mit dem Schwanz;
jetzt ging er voller Hoffart ganz
an seiner Tür vorüber.

Christian Morgenstern

Christian Morgenstern, geboren 1871 in München, gestorben 1914 in Meran, schrieb viele Gedichte und Lieder. Bei ihm bekommen Dinge und Tiere menschliche Eigenschaften.

Artgerechte Tierhaltung

S.10

Manchmal siehst du noch Kühe auf der Weide. Die haben es gut. Denn sie können noch an der frischen Luft ihr Grünfutter zu sich nehmen.
Heute werden die meisten Kühe, Schweine und Hühner in riesigen Hallen untergebracht.
Bei dieser „Massentierhaltung" sind die Mindestgrößen der Boxen und

S.11

Käfige gesetzlich vorgeschrieben.
Kühe haben es im Stall besser, wenn über die Spaltenböden eine weiche Gummimatte gelegt wird.
Eine der wichtigsten Aufgaben des Landwirts ist es, auf äußerste Hygiene im Stall zu achten, damit die Tiere gesund bleiben.

1 Lies die Texte still.

2 Wie weit reichen die einzelnen Sätze?

3 Welche Wörter kennst du nicht? Vermute, was sie bedeuten.

4 Lies einen Text laut vor. Mache keine Pause, nur weil die Zeile zu Ende ist.

Sinnbetonendes Lesen: Textsorten

Die Enten laufen Schlittschuh

Die Enten laufen Schlittschuh
auf ihrem kleinen Teich.
Wo haben sie die Schlittschuh her –
sie sind doch gar nicht reich.

Wo haben sie denn die Schlittschuh her?
Woher? Vom Schlittschuhschmied!
Der hat sie ihnen geschenkt, weißt du,
für ein Entenschnatterlied.

Gedicht von *Christian Morgenstern*

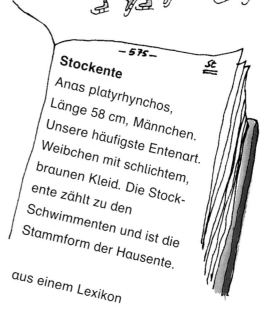

– 575 –   *St*

Stockente
Anas platyrhynchos,
Länge 58 cm, Männchen.
Unsere häufigste Entenart.
Weibchen mit schlichtem,
braunen Kleid. Die Stock-
ente zählt zu den
Schwimmenten und ist die
Stammform der Hausente.

aus einem Lexikon

Das Entlein

Vor mir her watschelt ein gelbes Entlein, wobei es den kleinen weißlichen
Bauch auf komische Weise durch das feuchte Gras schleift, dahinstolpert
und dabei fast von seinen dünnen Beinchen fällt. Es piepst: „Wo ist meine
Mama? Wo seid ihr alle?"

5   Es gibt aber keine richtige Mutter. Ein Huhn, dem Enteneier untergelegt
wurden, brütete sie zusammen mit den eigenen Eiern aus und gab allen die
gleiche Wärme.
Jetzt, vor dem Unwetter, hat man ihr Häuschen – einen umgedrehten Korb
ohne Boden – unter ein Dach getragen und mit Sackleinen zugedeckt. Nur

10   das eine hat sich verirrt. Nun, mein Kleines, komm auf meine Hand ...

aus einer Erzählung von *Alexander Solschenizyn*

1   Lies erst leise für dich.

2   Wie unterscheiden sich die Texte?

3   Merke dir die Wörter, die du besonders betonen willst.

4   Tragt die Texte euren Nachbarn vor. Das Gedicht anders
als den Lexikontext. Die Erzählung anders als das Gedicht.

Rollenlesen

Fernsehgeschichten von Franz

*Franz plagte ein schlechtes Gewissen, weil er
zugelassen hatte, dass sein Freund Eberhard zu
anderen gesagt hatte, seine Mutter sei eine Furie.
Dabei war sie doch ganz lieb. Die meisten Kinder
hätten froh sein können, eine so liebe Mama zu
haben. Er fand, dass er da dringend Rat brauchte.*

… Der Franz überlegte: „Der einzige Mensch, der immer Rat weiß,
ist die Mama. Ich muss die Mama fragen."
Der Franz wartete, bis die Mama heimkam. Und bis er allein mit ihr
reden konnte. Als die Mama im Bad war und duschte, ging er zu ihr.
5   Er setzte sich auf den Hocker neben der Wanne. Richtig gut fand er es,
dass der Duschvorhang zwischen ihm und der Mama war. So musste
er die Mama nicht anschauen beim Reden, und die Mama konnte ihn
auch nicht sehen.
„Du, Mama," begann der Franz, „ein Kind in unserer Klasse hat ein
10 Problem."
Der Franz fand, dass er da gar nicht log. Er war ja schließlich ein Kind
aus seiner Klasse.
„Schieß los!", rief Mama hinter dem Vorhang. „Ich werd schon einen
Rat wissen."
15 Der Franz erzählte die ganze Sache ziemlich exakt; abgesehen davon
eben, dass er statt „ich" immer „dieses Kind" sagte. Als er mit seiner
Geschichte fertig war, war auch die Mama mit dem Duschen fertig,
stieg aus der Wanne und wickelte sich in ein Badetuch.
„Ich seh da kein Problem", sagte sie. „Diese Mama muss sich ja nicht
20 kränken, weil sie gar nichts davon weiß."

1 Lies den Text leise.

2 Lest den Text mit verteilten Rollen. Welche Rollen braucht ihr?
Der Erzähler liest die Begleitsätze nicht mit.

Drehbuchtext

Stimmen	Wie?	Geräusche und Musik
		Musik aus Kinderzimmer, zuerst laut, dann leiser
Franz: Ich halte das nicht mehr aus. Ich muss heute mit Mama sprechen.	ernst, entschlossen	Schritte, Türe auf und zu
Mama: Hallo Franz! Ich bin zurück. Ich dusch mich eben. Heute gab es viel zu tun in der Bank.	fröhlich	
Franz: Du, Mama, ein Kind in unserer Klasse hat ein Problem.	etwas zögernd	Duschgeräusche, fließendes Wasser
Mama: Schieß los! Ich werd schon einen Rat wissen.	ermutigend	
Franz: [?]	leise, langsam, manchmal stockend	
Mama: Ich seh' da kein Problem. Diese Mama weiß doch nichts davon. Gib mir bitte das Handtuch!	erstaunt	Dusche hört auf zu fließen, Duschvorhang wird geschoben

1 Franz und Mama sagen im Hörspiel einiges, was im Buchtext nicht steht. Warum?

2 Was fehlt im Drehbuch noch?
Schreibe den Text für den Kasten mit dem Fragezeichen.

3 Verteilt die Rollen. Übt eine Sprechrolle allein.

4 Nehmt die Hörspielszene mit Kassettenrekorder auf.

Eine Geschichte verfassen

Kopfunter Kopfüber

1. Betrachte das Bild genau. Drehe dann das Buch auf den Kopf. Was siehst du jetzt?

2. Schreibe dir einzelne Stichwörter für eine Geschichte auf Kärtchen. Lege die Karten in eine Reihenfolge und erzähle zu dem Bild und den Kärtchen eine Geschichte.

3. Schreibe deine Geschichte auf. Nutze dabei die Kärtchen.

Schreibkonferenz

Hannah hat eine Geschichte geschrieben. Sie ist mit dem Entwurf
noch nicht zufrieden. Die Geschichte wird in einer Schreibkonferenz
überarbeitet. Dazu lädt Hannah als Autorin drei andere Kinder ein.
Und das geht so:

- Das Autorenkind liest seinen Text vor. Die anderen hören genau zu.
- Die Mitarbeiter der Schreibkonferenz machen Verbesserungsvorschläge.
- Das Autorenkind entscheidet, was es dann wirklich ändert.

1. Was musst du häufig an deinen Texten verbessern?

Verbesserungsvorschläge für Texte

Mir hat die Geschichte gut gefallen. Etwas aber habe ich nicht verstanden ...

Wie fandet ihr das Ende der Geschichte?

Mir hat nicht so gut gefallen, dass ...

Was hat dir an der Geschichte gefallen/nicht gefallen?

Hast du alles verstanden?

Macht der Anfang neugierig?

Hast du eine passende Überschrift gefunden?

1 Überprüft eure Texte mit den Fragen, die die Kinder hier benutzen.

2 Die folgenden Fragen können euch bei einer Schreibkonferenz auch noch helfen:

- Stehen die Sätze in einer sinnvollen Reihenfolge?
  Nein? Dann müsst ihr Sätze verschieben: siehe ➜ S. 89

- Fehlt etwas?
  Ja? Dann müsst ihr den Text erweitern: siehe ➜ S. 90

- Was ist überflüssig?
  Dann müsst ihr dies weglassen: siehe ➜ S. 91

- Findest du für manche Wörter passendere?
  Dann ersetze sie: siehe dazu ➜ S. 92

- Sind in dem Text noch Rechtschreibfehler? siehe ➜ S. 121; 118–120

3 Welche Fragen findet ihr noch?

Verschieben

Wenn du die Reihenfolge der Satzglieder in einem Satz umstellst, kannst du manchmal deinen Text noch verbessern. Wie du in diesem Ausschnitt sehen kannst, wurden hier einige Teile eines Satzes verschoben:

Eines Tages kam ein kleiner Vogel
    3   2   1

1 Ein kleiner Vogel kam eines Tages

zu den Schwänen.
  4

2 zu den Schwänen. Er zwitscherte

3 ihnen ein lustiges Lied vor.

1 Lies den Satz nach dem Umstellen laut vor. Was hat sich verändert?

2 Schreibt die Satzglieder auf Pappstreifen. Haltet die Satzglieder vor euren Körper und probiert durch Plätze tauschen aus, wie der Satz am besten klingt.

3 Probiere das Verschieben auch mit folgenden Satzgliedern aus:
Die Elefanten – fuhren – mit der Eisenbahn – in die Stadt.
Mit der Eisenbahn ...

Verschieben

Auch auf dem Computer kannst du das Verschieben durchführen:
1. Markiere das Wort (oder die Wörter), das du verschieben möchtest.
2. Lass die Maus los und klicke in die Markierung. Es erscheint ein Pfeil.
3. Schiebe den Pfeil mit gedrückter Maustaste an die Stelle, wo das Wort (die Wörter) stehen soll.
4. Lass die Maustaste los. Diesen Befehl kannst du rückgängig machen.
5. Meistens musst du jetzt auch noch andere Wörter verschieben.

SCHREIB-ORDNER

Erweitern

Manchmal ist nicht alles in einer Geschichte gut zu verstehen oder es wird etwas Wichtiges vergessen. Auch damit eine Geschichte spannend wird, ist es wichtig, manche Dinge ausführlicher zu beschreiben.

1 Es lebten einmal ein großer und ein kleiner

?

2 Elefant. Beide trugen eine Samtmütze auf ihrem

3 Kopf. Dabei fielen die Mützen auf den Boden.

1 Diese Sätze können noch anschaulicher werden. Überlege dir ein passendes Wiewort (Adjektiv) an der markierten Stelle.

2 An einer Stelle fehlt ein ganzer Satz. Denke dir einen aus.

3 Schreibe die Sätze in dein Heft.
Vergiss nicht den fehlenden Satz dabei einzufügen.

Erweitern

Wie du das auf dem Computer machst, kannst du hier lesen:
1. Gehe mit dem Cursor (sprich: Körser) an die Stelle, wo du ein Wort oder einen ganzen Satz einfügen möchtest.
2. Klicke auf die linke Maustaste.
3. Schreibe die Wörter, die du einfügen möchtest.
4. Lies dir den Satz/den ganzen Text laut vor und überprüfe, ob er sich jetzt besser anhört.
5. Mit dem Computer kannst du die Veränderung auch wieder rückgängig machen.

Weglassen

Manchmal stehen überflüssige Wörter oder Sätze in einer Geschichte.
In diesem Ausschnitt siehst du, wie beim Überarbeiten diese Wörter
und Sätze weggestrichen wurden.

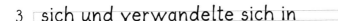

1 Plötzlich ging die Hexe in die Hocke,

2 dabei beugte sie die Knie, schüttelte

3 sich und verwandelte sich in

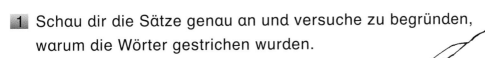

4 einen weißen Schwan.

1 Schau dir die Sätze genau an und versuche zu begründen,
warum die Wörter gestrichen wurden.

2 Welches Wort ist hier noch überflüssig?
Schreibe den Satz ohne die überflüssigen Wörter ab.

3 Entscheide in deinem Text, was überflüssig ist.
Die unwichtigen Wörter und Sätze kannst du einfach streichen.

Weglassen

Auf dem Computer geht das so:
1. Markiere das Wort oder den Satz, den du weglassen möchtest.
2. Drücke die Taste „Entfernen".
3. Lies dir den Satz laut vor und entscheide, ob er so besser klingt.
4. Du kannst den Befehl wieder rückgängig machen.

Ersetzen

Manchmal findet man nicht gleich das passende Wort.
In diesem Textausschnitt siehst du, dass einzelne Wörter
durch besser passende ersetzt wurden.

> trafen

1 In der Nacht ~~sahen~~ die Schwäne die

> Sie   flogen

2 alte Hexe. ~~Die Schwäne rannten~~ schnell

3 davon, aber die Hexe ~~ging~~ ihnen hinterher.

1 Finde ein passenderes Wort für „ging". Probiere dazu ein ähnliches Wort aus. Lies dir dann den Satz laut vor und entscheide, ob er jetzt besser klingt.

2 Lies deinen Satz laut vor. Mache eine kurze Pause an der schwierigen Stelle. Frage die anderen Kinder, welches Wort sie einsetzen würden.

3 Du kannst in einem Synonymwörterbuch (Wörterbuch, in dem du ähnliche, sinnverwandte Wörter findest) nachschlagen.

Ersetzen

Auch das kannst du auf dem Computer:
1. Markiere das Wort oder die Wörter mit der linken Maustaste.
2. Schreibe das neue Wort oder die neuen Wörter.
3. Wenn du das Symbol für „Rückgängig" anklickst,
   kannst du beide Möglichkeiten miteinander vergleichen.

Präsentation

Wandzeitung

Klassengeschichtenbuch

Autorenlesung

Geschichtenbuch

1 Wie möchtest du deine Geschichte präsentieren, wenn sie fertig ist?

2 Wählt eine Möglichkeit aus und veröffentlicht eure Texte.

Auf dem Computer ist das ganz einfach:

1. Lies deine überarbeitete Geschichte noch einmal laut vor.
2. Drucke deine Geschichte aus, wenn die Schreibkonferenz abgeschlossen ist und du mit deiner Geschichte zufrieden bist. Klicke dafür das Symbol für „Drucken" an.
3. Schmücke deine Geschichte noch mit kleinen Bildern aus.

Notizen machen

1 Überlege, warum diese Zettel entstanden sind.

2 Bei welchen Gelegenheiten machst du Notizen?

Notizen zu einem Versuch

1.

2.

Versuch:

Fülle eine Schale oder ein Glas mit Wasser. Lass die Büroklammer mit Hilfe von Papier oder Pappe ins Wasser gleiten. Nimm die Büroklammer wieder aus dem Wasser und trockne sie ab.

Schneide ein Stück Küchenpapier etwas größer als eine Büroklammer zu. Lege die Klammer auf das Küchenpapier und lasse beides zusammen vorsichtig mit Hilfe einer Gabel ins Wasser.

Was passiert, wenn das Küchenpapier sich voll Wasser gesaugt hat?

3 Notiere in Stichwörtern, welche Dinge du für den Versuch benötigst.

4 Was kannst du von zu Hause mitbringen?
Kreuze diese Dinge auf deinem Notizzettel an.

Ein Protokoll schreiben

Versuche machst du, um zu erfahren, wie etwas geht.
Damit du anschließend noch weißt, warum und wie du den Versuch
gemacht hast, schreibst du ein Protokoll. Dabei gehst du schrittweise vor.

Protokoll

1. Ich möchte wissen:
   Was passiert mit der Büroklammer, wenn …

2. Ich vermute dieses:
   Ich denke, dass die Büroklammer ohne das Küchenpapier …
   Ich denke, dass die Büroklammer mit dem Küchenpapier …

3. Was brauche ich für den Versuch?
   (Notizzettel von S. 94)
   (Male die Abbildung zum Versuch von S. 94 hierhin ab.)

4. Was kann ich beobachten?
   Ohne das Küchenpapier ist folgendes passiert: …
   Mit dem Küchenpapier ist folgendes passiert: …

5. Wie kann ich jetzt meine **Frage(n)** von Punkt 1 **beantworten?**

1 Schreibe dein Protokoll vor Versuchsbeginn bis zum Punkt drei.

2 Notiere während des Versuchs deine Beobachtungen in Stichworten
auf einen Extrazettel.

3 Setze nach dem Versuch das Protokoll mit Punkt vier und Punkt fünf fort.

Namenwörter (Substantive)

Namenwörter (Substantive) gibt es in der Einzahl und Mehrzahl.
Du kannst einen Begleiter davorstellen.
Namenwörter (Substantive) schreibt man mit großem Anfangsbuchstaben.
Manche Namenwörter (Substantive) bezeichnen keine Lebewesen oder
Dinge. Sie bezeichnen Gedanken, Gefühle, Ideen, z.B.: Liebe, Freundschaft,
Vergnügen, Trauer.

Alle Kinder sitzen im Kreis. Uta sitzt in der Mitte
und soll ein Namenwort (Substantiv) nennen. Sie sagt:
„Traum." Fatih hat eine Idee: „Zu Traum passt
Wunsch." Richtig? Wenn ja, tauschen die beiden
den Platz. Jetzt darf Fatih einen Namen nennen.
Hülya ist die Spielleiterin. Sie zählt langsam bis fünf. Wenn Fatih dann
kein Namenwort (Substantiv) genannt hat, muss sie den Stuhl freigeben.

1 Schreibt alle Namenwörter (Substantive) während des Spiels an die Tafel.

2 Unterstreicht alle Namenwörter (Substantive) die nicht für Lebewesen
und Gegenstände stehen.

> NACHHER   IDEE   FERKEL   LUSTIG   HEMD   IM
>
> GESTÄNDNIS   KLUGHEIT   UND   WUNSCH   TIGER
>
> GEFÜHL   WINZIG   BLUME   DACKEL

3 Suche die Namenwörter (Substantive) und schreibe sie mit Begleiter auf.
Unterstreiche die Namenwörter (Substantive), die keine Lebewesen oder
Dinge bezeichnen. Suche weitere.

Es gibt Namenwörter (Substantive), die keine Lebewesen
oder Dinge bezeichnen, sondern Gedanken, Gefühle, Ideen.

Fürwörter (Pronomen)

Du kannst Namenwörter (Substantive) häufiger durch kleine Wörter ersetzen, die für diese Namenwörter (Substantive) stehen. Solche Wörter nennt man Fürwörter (Pronomen).

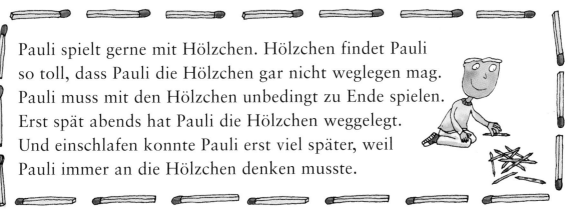

Pauli spielt gerne mit Hölzchen. Hölzchen findet Pauli so toll, dass Pauli die Hölzchen gar nicht weglegen mag. Pauli muss mit den Hölzchen unbedingt zu Ende spielen. Erst spät abends hat Pauli die Hölzchen weggelegt. Und einschlafen konnte Pauli erst viel später, weil Pauli immer an die Hölzchen denken musste.

1 Lies den Text mehrmals. Welche Namenwörter (Substantive) möchtest du ersetzen? Warum?

2 Schreibe den Text neu. Die Fürwörter (Pronomen)-Tabelle hilft dir.

Tabelle

ich	du	er	sie	es
mein	dein	sein	ihrer	sein
mir	dir	ihm	ihr	ihm
mich	dich	ihn	sie	es

wir	ihr	sie	
unser	euer	ihr	
uns	euch	ihnen	
uns	euch	sie	

Ich gehe mit meiner leeren Schachtel zu meinem Vater. Ich zeige ihm die Schachtel und bitte ihn Vater um neue Hölzchen.

3 Wie müssen die Fürwörter (Pronomen) heißen, wenn du den ersten Satz statt mit „ich" mit einem anderen Fürwort (Pronomen) beginnst?

4 Schreibe einmal die Sätze, indem du mit „wir" beginnst.

Noch mehr Übungen: Fürwörter (Pronomen)

Marion spielt mit *ihrer Schwester*. **Sie** spielt gerne mit **ihr**.
Klaus spielt mit *seinem Bruder*. **Er** spielt nur heute mit **ihm**.
Mutter spielt mit *Vater*.   spielt gerne mit **ihm** Tennis.
Klaus spielt mit *der Katze*.   spielt mit **ihr** auf der Treppe.
Die Katze spielt mit *der Maus*.   spielt mit **ihr** fangen.
Der Hund spielt *mit Tom*.   spielt ausgelassen mit **ihm**.

1 Schreibe ab und setze in die Lücken passende Fürwörter (Pronomen).
Sprich dir dazu die neuen Sätze vor.

Klaus und Marion sind gute Freunde. ▲ mag ▲, und ▲ mag ▲.
▲ hat ▲ ein Buch geschenkt. ▲ findet ▲ ganz toll. Jeden Tag liest ▲
ein paar Seiten. Natürlich hat ▲ sich bedankt.

2 Ersetze die Zeichen durch Fürwörter (Pronomen).
Die Tabelle von S. 97 hilft dir. Zwei Geschichten sind möglich.
Schreibe eine auf.

Auf der Wiese steht ein schöner alter Kirschbaum. Florian will dort mit
Marion ein Picknick machen. Er hängt voller süßer roter Kirschen.
Bunte Schmetterlinge fliegen über die Wiese. Marion pflückt sie als
Nachtisch. Wotan, Florians Hund, ist ganz begeistert und versucht sie
zu schnappen. Doch Florian schimpft. Er schämt sich und legt sich
sofort neben Marion auf die Wiese.

3 Wer ist jeweils in den Sätzen gemeint? Warum gibt es Missverständnisse
in dem Text? Wie kann man sie beseitigen?

4 Schreibe den Text so, dass er eindeutig wird.

Wörter, die für Namenwörter (Substantive)
stehen, nennt man Fürwörter (Pronomen).

Wiewörter (Adjektive): Vergleichsformen

Wiewörter (Adjektive) bezeichnen eine Eigenschaft, z. B. groß, klein.
Du kannst sie steigern: groß, größer, am größten.

„Ich ziehe mein neues Trikot zum Training an."
„Nein, das schöne Stück ist nagelneu und wird sofort
schmutzig!", ruft Mutter. Klaus ist das egal. Er will flott
und sportlich aussehen. Als er wieder nach Hause
kommt, erzählt er nichts von den grünen Grasflecken
auf der tollen neuen Hose. Schnell steckt er alles in die
Waschmaschine. Er nimmt Cleani, Europas meist-
gepriesenes Waschpulver bei 60 °C. Bald wird alles wieder klarer und
reiner, schmucker und sauberer, kuschelweicher und aprilfrischer sein als je
zuvor. Als Klaus die Maschine öffnet, kommt ihm eine wunderliche Brühe
entgegen. Seine Fußballschuhe waren wohl doch nicht maschinengeeignet.

1 Welche Wiewörter (Adjektive) entdeckst du im Text?
Schreibe sie untereinander auf.

Grundstufe
z. B. groß

1. Vergleichsstufe
z. B. größer

2. Vergleichsstufe
z. B. am größten

2 Schreibe zu den Wiewörtern (Adjektiven) aus dem Text die fehlende
Grundform oder die fehlenden Vergleichsstufen auf.

weit   laut   breit   stark   flink   schlank   plump
geschwind   wild   windig   sonnig   wichtig   lieb   trüb

3 Schreibe die Wiewörter (Adjektive) auf und ergänze die
1. und 2. Vergleichsstufe.

4 Markiere die Wortendungen. Was fällt dir auf?

Wörter, die sagen wie etwas ist, nennt man Wiewörter (Adjektive).
Sie lassen sich steigern.

Wiewörter (Adjektive) bilden

Du kannst Namenwörter (Substantive) und Tunwörter (Verben) mit einem Wiewort (Adjektiv) zu einem neuen Wiewort verbinden.

1 Welche neuen Wörter können entstehen? Lies und erkläre sie.

2 Schreibe so: *Das Feuer + fest = feuerfest, kochen + fest = kochfest*
   Was musst du beachten?

Mit -ig und -lich kann man neue Wiewörter (Adjektive) bilden.

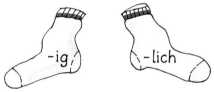

3 Sprich dir erst beide Möglichkeiten vor. Welche klingt richtig?
   Beachte die Umlautung: a→ä, o→ö, u→ü.

4 Was bedeuten die neuen Wörter? Erkläre.

5 Schreibe die neuen Wiewörter (Adjektive) auf.
   Markiere die Endungen mit verschiedenen Farben.

Gegenwart und Vergangenheit

Geschieht ein Ereignis, während ich erzähle, berichte ich darüber in
der Gegenwartsform. Ist das Ereignis schon vorbei, während ich erzähle,
berichte ich in einer Vergangenheitsform.

Herzlich willkommen im Leimbach-Stadion. Das Spiel läuft
in der 87. Minute und beide Mannschaften wollen mit drei
Punkten den Rasen verlassen. Da, Kuci löst sich von seinen
Bewachern, läuft auf das gegnerische Tor zu. Er flankt rüber
zu dem mitlaufenden Raffael Tornello. Tornello zieht ab und
TOR, TOR, TOR. Es steht 2:1 für den SFS, liebe Zuhörer
und damit geben wir wieder ab an unser Funkhaus.

7 Juli

Danke Tornello

SPORT 23

dpa. … Wunderbar klappte wieder einmal das Zusammenspiel von Kuci und Tornello. Afrim Kuci löste sich in der 87. Minute von seinen Bewachern, sah Tornello auf der anderen Spielfeldseite und bediente diesen uneigennützig. Tornello nahm sich Zeit und schoss das Leder unhaltbar in das linke Torkreuz. Mit diesem Sieg konnte der SFS den 1. Platz behaupten.

6 Juli

20 Uhr

Also, Papa. Das war in der 87. Minute. Da ist der
Kuci auf einmal losgezogen. Der ist gelaufen wie noch
nie. Da hat er dann Tornello gesehen. Und wie der Kuci
dem dann den Ball zugeschossen hat. Der ist direkt vor
seinen Füßen gelandet. Und dann hat der Tornello eine
Rakete abgeschossen! Einfach Wahnsinn! Da ist die
Hölle los gewesen im Stadion.

1 Wovon berichten die Texte? Wie unterscheiden sie sich?

2 Welcher Text ist in der Gegenwart, welcher in der Vergangenheit
geschrieben? Woran kannst du das erkennen? Erkläre.

3 Schreibe aus einem Text die Tunwortformen (Verbformen) ab
und ergänze die Grundform. Beispiel: *hat gesehen – sehen*

Gegenwart

7-Tage-Springen

se placer

Florian erzählt: Zuerst stelle ich mich vor dem
Montag auf und nehme mir einen Stein.
Den werfe ich in das Feld vor mir. Jetzt schiebe
ich den Stein von Feld zu Feld. Dabei hüpfe ich
auf einem Bein. Im Feld Freitag ruhe ich mich
aus. Im Feld Sonntag hebe ich den Stein auf
und hüpfe auf dem anderen Bein zurück.

pousser
sautiller
/sauter
se reposer
ramasser

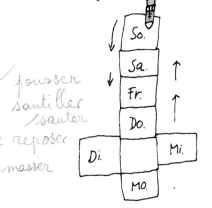

1 Suche die Tunwörter (Verben) und schreibe sie in der Ich- und
der Grundform auf: *ich erzähle – erzählen, …*

ich	spring(en) komm(en) wipp(en) renn(en)	e
du		st
er, sie es		t
wir		en
ihr		t
sie		en

2 Schreibe die Tunwörter (Verben) in der Gegenwart für alle Personen auf:
ich springe, … , sie springen

Ebbe und Flut

Ein Maler strich die Außenwand des Schiffes Santa-Maria.
Er band dazu an der Reling eine Strickleiter fest, deren Sprossen sich
genau 28 Zentimeter voneinander entfernt befanden. Der Maler stand
auf der untersten Sprosse genau über dem Wasser. Da kam die Flut und
das Wasser stieg 2,80 Meter in der Stunde. Wie viele Sprossen stieg der
Maler hoch, damit er keine nassen Füße bekam?

3 Schreibe die Pass-auf-Geschichte in der Gegenwart auf.

4 Markiere die Endungen der Tunwörter (Verben) im Text.

Vergangenheit

Ball in die Luft

Dieses Spiel spielte die Klasse 3b dieses Jahr beim
Sportfest am liebsten. Die Mitspieler bildeten einen
Kreis. In der Mitte stand Nils. Er warf den Ball
möglichst senkrecht und möglichst hoch in die Luft.
Dabei rief er „Elisabeth!" Die anderen Mitspieler liefen
sofort davon. Dann fing Elisabeth den Ball und rief:
„Stopp!" Alle stoppten sofort. Anna stand ganz weit weg.
Trotzdem warf Elisabeth sie ab. Jetzt musste Anna die „Werferin" sein.

1 Suche die Tunwörter (Verben) und schreibe sie auf.

2 Schreibe die Tunwörter (Verben) in der Ich- und Grundform auf.

ich spielte – spielen, …

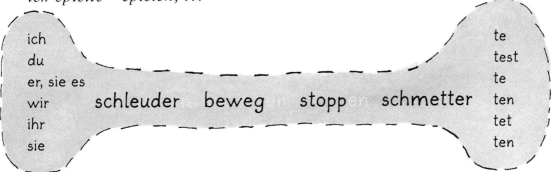

ich		te
du		test
er, sie es		te
wir	schleuder beweg stopp schmetter	ten
ihr		tet
sie		ten

3 Schreibe die Tunwörter (Verben) in der Vergangenheit für alle
Personen auf: *ich schleuderte, … , sie schleuderten*

Der Langschläfer

Herr Schmidt kommt nach einem anstrengenden Arbeitstag nach Hause.
Er ist hundemüde. Deshalb geht er um 20.00 Uhr ins Bett.
Am nächsten Tag ist Samstag. Herr Schmidt will ausschlafen.
Deshalb stellt er seinen alten, aufziehbaren Wecker auf neun Uhr.
Wie viele Stunden Schlaf kann Herr Schmidt genießen?

4 Schreibe die Pass-auf-Geschichte in der Vergangenheit auf.

5 Welche Tunwörter (Verben) ändern sich nicht?

Vergangenheit

Liebe Tante Frieda,

gestern haben wir das Zeit-Spiel gespielt. Jeder von uns hat geschätzt, wie lange es dauert, bis ich einen Schuh ausgezogen habe. Nora hat jede Schätzung aufgeschrieben. Ich habe 8 Sekunden gebraucht. Weil Sven mit 7 Sekunden am besten geschätzt hat, war er nun dran.

Deine Veronika

1 Suche die Tunwörter (Verben) in der Vergangenheitsform und schreibe sie in der Ich- und Grundform auf: *ich habe gespielt – spielen, …*

ich
du
er, sie, es
wir
ihr
sie

bin, bist, ist, sind, seid, sind
Grundform: sein

habe, hast, hat, haben, habt, haben
Grundform: haben

ge-
schätzen meinen
peilen glauben
hüpfen
-t

2 Schreibe die Tunwörter (Verben) für alle Personen auf: *ich habe geschätzt …*

Postprobleme

Professor Siebengescheit fuhr zu einer Besprechung nach Berlin.
Er beauftragte seine Haushälterin, Frau Wichtig, ihm seine Post sofort
ins Hotel nachzuschicken. Doch der Professor nahm seinen Briefkastenschlüssel mit nach Berlin. Die Haushälterin kam natürlich nicht an die Post
heran. Sofort rief sie den Professor an und erklärte ihm das Problem.
Da schickte er den Briefkastenschlüssel an seine eigene Adresse
und wunderte sich, dass er immer noch keine Post bekam.

3 Warum kommt Frau Wichtig immer noch nicht an die Post?

4 Schreibe die Pass-auf-Geschichte in der Vergangenheitsform mit
„haben" oder „sein" auf.
*Frau Wichtig erzählt ihrer Freundin: „Stell dir vor, der Professor
Siebengescheit ist zu einer Besprechung nach Berlin gefahren …*

Tunwörter (Verben): Grundform

Alle Tunwörter (Verben) haben eine Grundform. Du erkennst die Grundformen an den Endungen **en** oder **n**.

> tuscheln   faulenzen   glauben   zappeln   nörgeln   jaulen   klopfen
> leben   jubeln   probieren   zaubern   kitzeln   begrüßen   rechnen   sagen
> klettern   meckern   poltern   multiplizieren   schlummern

1 Schreibe erst alle Tunwörter (Verben) mit der Endung -en in der Grundform auf.

2 Schreibe alle Tunwörter (Verben) mit der Endung -n in der Grundform auf.

3 Unterstreiche die Endungen.

Zeitformen des Verbs

Tunwörter (Verben) ändern ihr Aussehen in den Zeitformen Gegenwart und Vergangenheit. So kannst du dir vorsagen:
sagen – sagte – hat gesagt, stolpern – stolperte – ist gestolpert.

> hat genäht   hat gehustet   schlafen   ist gefallen   hat geschlafen   hupte
> lachen   essen   springen   hat gehupt   aß   nähte   husten   lief
> hupen   ist gesprungen   ist gelaufen   fallen   lachte   hat gelacht
> sprang   laufen   hustete   schlief   nähen   hat gegessen   fiel

4 Ordne die Tunwörter (Verben) in den verschiedenen Zeitformen richtig zu. Schreibe so: *lachen – lachte – hat gelacht,*

...

Tunwörter (Verben) zeigen, ob etwas jetzt geschieht (Gegenwart) oder vorbei ist (Vergangenheit).

Vorangestellte Wortbausteine

Mit vorangestellten Wortbausteinen kannst du neue Tunwörter (Verben) bilden. Es gibt Wortbausteine, die eine eigene Bedeutung haben, z. B.: an-, auf-, zu-, über-, unter-, vor- und solche, die alleine keinen Sinn haben, z. B.: be-, ge-, zer-, ver-, ent-.

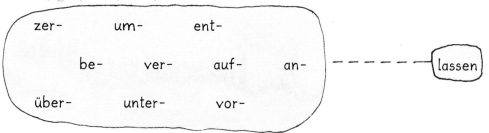

1 Welche neuen sinnvollen Tunwörter (Verben) kannst du bilden? Denke dir Sätze aus, in denen man die neuen Tunwörter (Verben) verwenden kann. Schreibe sie auf.

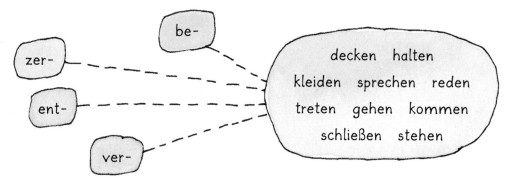

2 Welche Tunwörter (Verben) kannst du bilden? Schreibe zu jeder Vorsilbe die Möglichkeiten auf.

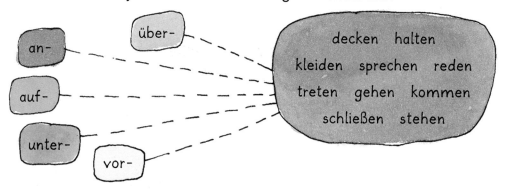

3 Welche Tunwörter (Verben) kannst du bilden? Schreibe zu jeder Vorsilbe die Möglichkeiten auf.

Noch mehr Übungen: Vorsilben

ver- oder vor-?

Nina und Alfred ☆abreden sich. Sie wollen Opas Geburtstagsfeier
☾bereiten. Alle Kinder aus der Nachbarschaft sollen kommen und sich
☆kleiden. Lisa will Zaubertricks ☾führen und Erwin einen Kuchen
☆losen. Sie wollen Opa eine Geschichte ☾lesen und ein Lied ☾singen.
Die Geschenke wollen sie überall in der Wohnung ☆stecken und
☆stauen. Das wird eine Überraschung geben.

1 Mit welcher Vorsilbe kannst du die Zeichen ersetzen?
Schreibe den Text richtig auf.

S. 60

Ent-, zer- oder er-?

Kinder ✖deckten Schatz
Vier Kinder aus Pernze ♥lebten
ein kleines Abenteuer. Sie
✖schlossen sich, auf Schatzsuche
zu gehen. Sie ✖wickelten einen
Plan, machten sich auf den Weg
und ✖deckten die Höhle. Der
Eingang war ✿fallen, die
Absperrung hatte jemand
✿schlagen und den Zaun ✿stört.

Als sie in der Höhle ein Licht
✖zündeten, ♥schraken sie ent-
setzlich und es ♥öffnete sich vor
ihnen ein See. Nachdem sie sich
jedoch ♥holt hatten, ♥kannten
sie vor sich eine alte Truhe. Sie
✖leerten sie und kamen gesund
und reich wieder nach Hause.

2 Ersetze die Zeichen durch passende vorangestellte Wortbausteine.
Schreibe die Tunwörter (Verben) so ab: *entdeckten – entdecken, …*

Was kann man entwerfen?
Was kann man entzünden? Was kann entkommen?

3 Schreibe die Antworten im ganzen Satz auf.

4 Formuliere weitere Fragen.

Verschieben

Daran erkennst du Satzglieder: Alle Wörter oder Wortgruppen, die beim Verschieben zusammenbleiben, sind ein Satzglied. Ein Satzglied kann aus einem oder mehreren Wörtern bestehen.

Ich traf gestern Nachmittag ...
Meine Freundin Anna traf ich ...

1 Schreibe die Wörter einzeln auf Karten.

2 Lege einen sinnvollen Satz.

3 Verschiebe die Wörter so, dass neue Sätze entstehen.
Schreibe die Sätze auf.

4 Welche Wörter bleiben zusammen?

5 Unterstreiche im ersten Satz jedes Satzglied mit einer anderen Farbe.

6 Wie viele Satzglieder hast du gefunden?

Kluge Menschen lachen vor dem Lernen.
Maria und ich lernen zu Hause immer zur gleichen Zeit.
Thomas ordnet die Hefte und Bücher vor Beginn der Arbeit.
Sebastian hört bei den Hausaufgaben keine Musik.
Nach jeder Arbeit macht Veronika eine Pause.
Die Kinder aus der 3a wiederholen oft das Gelernte.

7 Suche dir zwei Sätze heraus, die dir am besten gefallen. Schreibe sie auf.

8 Zerschneide den Satz nach Satzteilen und lege alle möglichen Sätze.
Welche Umstellungen sind möglich? Schreibe die Sätze auf.

Noch mehr Übungen: Verschieben

Sven	läuft	mit Stefan	über die Wiese.
Betül	spaziert	mit ihrem Hund	über das Feld.
Nina	schlendert	mit Onkel Franz	über den Platz.

1 Verschiebe die Satzglieder. Schreibe die neuen Sätze auf.
Unterstreiche die Satzglieder mit verschiedenen Farben.

Rätselsätze

1 Diese Bilder sieht man nur im Dunkeln.

2 Dieses Kind kommt mit einem Schurrbart auf die Welt.

3 Dieses Tier trägt auf seinem Kopf einen roten Kamm.

1   2   3

2 Wie lauten die Lösungen der Rätselsätze? Die Bilder helfen dir.

3 Bilde mit der Verschiebeprobe neue Sätze.

4 Schreibe die Sätze auf und unterstreiche die Satzglieder
mit verschiedenen Farben.

Der Satzgegenstand (Das Subjekt)

Der Satzgegenstand (Subjekt) ist das Satzglied, das sagt,
wer oder was etwas tut oder macht.
Anna liest ein Buch.
Suchst du den Satzgegenstand (das Subjekt) in diesem Satz, dann frage: Wer
oder was liest das Buch? Anna. **Anna** ist der Satzgegenstand (das Subjekt).

Das Schwein miaut. Die Kuh bellt.
Die Ziege knurrt. Die Ente miaut.
Das Pferd schnattert. Die Maus trompetet.
Der Elefant piepst.

Professorin Gucki

Wer oder was miaut?
Wer oder was bellt?
Wer oder was ...?

Dr. Wermann

1 Was will der Dr. Wermann wissen?
Schreibe die Fragen und die Antworten so:
Wer oder was miaut? ➜ *das Schwein.*

2 Unterstreiche die Fragewörter und die Antworten
mit der gleichen Farbe.

Prof. Gucki

3 Schreibe auf, was Professorin Gucki hier beobachtet.

4 Unterstreiche in deinem Text alle Satzgegenstände (Subjekte).
Vergleicht.

5 Schreibe, wie es wirklich ist. Schreibe so:
Wer oder was klettert auf einen Baum? ➜ *die Katze.*

Die Satzaussage (Das Prädikat)

Die Satzaussage (das Prädikat) ist das Satzglied, das sagt, was geschieht oder was jemand macht.

Anna liest ein Buch.

Suchst du die Satzaussage (das Prädikat) in diesem Satz, dann frage: Was tut oder macht Anna? Anna **liest**. Das Wort **liest** ist die Satzaussage (das Prädikat).

Frau Dr. Tunfrau

1 Was will Frau Dr. Tunfrau wissen?

Schreibe die Fragen und die Antworten so:

Was tut oder macht das Schwein? → *miaut.*

2 Unterstreiche die Fragewörter und die Antworten mit der gleichen Farbe.

Prof. Gucki

3 Schreibe auf, was Professorin Gucki hier beobachtet.

4 Unterstreiche in deinem Text alle Satzaussagen (Prädikate). Vergleicht.

5 Schreibe, wie es wirklich ist. Schreibe so:

Was tut oder macht das Krokodil? → *kriecht*

Satzschlusszeichen

So setzt du Satzschlusszeichen: Einen **Punkt** am Ende eines Aussagesatzes, ein **Ausrufezeichen** am Ende des Ausrufesatzes, ein **Fragezeichen** am Ende des Fragesatzes.

Aussagesatz	Fragesatz	Ausrufesatz
Punkt .	Fragezeichen ?	Ausrufezeichen !
Ich male ein Bild .	Wer malt ein Bild ?	Male das Bild !
	Malst du ein Bild ?	

Au, ah

Warum weinst du, Sven ⌣

Ich bin hingefallen ✤
Das Bein tut mir weh ✤

Lass mich einmal schauen ◉
Tut das weh ⌣

Oh ◉

Lege dich auf die Liege ◉
Ich lege ein Kühlpäckchen auf dein Knie ✤
Wird es besser ⌣

Ja, ich möchte jetzt zu meiner Klasse ✤
Dankeschön ◉

1 Versetze dich in Sven und den Lehrer. Was fühlen sie?

2 Welche Sätze sind eine Frage, welche ein Ausruf
und welche eine normale Aussage?

3 Lies die Sätze so, dass die Stimmung der Sprecher deutlich wird.

4 Schreibe die Sätze ab und setze die Satzschlusszeichen.

Noch mehr Übungen: Satzschlusszeichen

1 Lies dir betont vor, was die Kinder sagen.

2 Schreibe die Sätze ab. Setze einen Punkt,
ein Frage- oder Ausrufezeichen.

Wer hat Amerika entdeckt? Am Satzanfang schreibt man groß.
Haltet den Dieb! Was war am 6. Dezember 1876. Wale sind Säugetiere.
Warte auf mich. Wohin gehst du? Im Schaltjahr hat der Februar
29 Tage. Gleich ist Pause. Warum frieren die Pinguine nicht?
Gib das bitte deiner Schwester. Stopp!

3 Schreibe alle Sätze mit Punkt, Fragezeichen oder Ausrufezeichen auf.

4 Denke dir jeweils zwei Sätze mit Punkt, Frage- oder Ausrufezeichen aus
und schreibe sie auf. Markiere die Satzzeichen. Begründe.

Wörtliche Rede

Wenn jemand im Text spricht, dann nennt man das wörtliche Rede. Damit der Leser sie besser erkennt, musst du sie zwischen Anführungszeichen setzen. → Büsra ruft: „Meine Brille ist weg."

Nach langem Suchen fragt Büsra verzweifelt ihre Mutter: Wo ist meine Brille? Hast du sie gesehen? Doch die Mutter liest weiter Zeitung und antwortet nur: Keine Ahnung! Wo hast du nur wieder deinen Kopf? Büsra ruft zurück: Meinen Kopf habe ich noch, meine Brille aber nicht. Mutter lacht: Dann fass dir mal an den Kopf. Büsra fährt mit der Hand über ihr Gesicht und prustet lachend heraus: Oh, ich dumme Nuss!

1 Lies dir den Text vor. Welche Sätze werden wirklich gesprochen?

2 Schreibe den Text ab. Unterstreiche die wörtliche Rede.
Setze die Anführungszeichen.

3 Lies alle Sätze, die keine wörtliche Rede sind.
Markiere im Heft die Doppelpunkte.

Die Sätze, die uns sagen, wer etwas sagt, sind Begleitsätze.
Am Ende des Begleitsatzes steht vor der wörtlichen Rede ein Doppelpunkt.
→ Büsra ruft: „Meine Brille ist weg."

Begleitsätze	**Wörtliche Rede**
Oma lacht	Das ist ein tolles Geschenk.
Onkel Fritz ruft	Ich habe die Nase endgültig voll.
Wütend schreit Klaus	Kommst du mit Schwimmen?
Peter freut sich	Schön, dass du mich besuchst.

4 Welche Begleitsätze passen zu welcher wörtlichen Rede?
Füge zusammen und schreibe auf. Beachte die Zeichensetzung:
Oma lacht: „Schön, dass du mich besuchst."

Noch mehr Übungen: wörtliche Rede

Mama, hast du meinen Hamster gesehen?

Rudi, komm mit Fußball spielen!

Gestern war ich mit Anna im Kino.

Nach dem Begleitsatz steht ein Doppelpunkt.

Happy birthday to you …

Wir bekommen ein Baby.

Begleitsätze:

Marvin fragt ganz aufgeregt
Mama und Papa freuen sich
Rica erklärt Carolin

Fatih ruft laut zum Fenster hoch
Ilona erzählt stolz in der Klasse
Die Klasse singt für Barbara

1 Ordne die Begleitsätze der wörtlichen Rede zu.
Schreibe die Begleitsätze mit der wörtlichen Rede auf.

2 Unterstreiche den Begleitsatz.

3 Unterstreiche die wörtliche Rede in einer anderen Farbe.

Büsra ruft: „Meine Brille ist weg"

Begleitsatz
Doppelpunkt   Anführungszeichen   wörtliche Rede   Anführungszeichen
unten   oben

Abschreiben

Durch genaues Abschreiben kannst du richtig schreiben und korrigieren lernen.
Beachte beim Abschreiben sechs Regeln.

Abschreibregeln

1. Lesen und mitflüstern, damit du jeden Buchstaben hören kannst (Pilotsprache).

2. Besonderheiten merken.

3. Ein Wort oder mehrere Wörter abdecken.

4. Auswendig aufschreiben und dabei mitflüstern.

5. Buchstabe für Buchstabe mit der Vorlage vergleichen.

6. Fehlerwörter durchstreichen und noch einmal richtig schreiben.

Die grüne Stadt

Eine grüne Maus | läuft durch | eine grüne Stadt. | Sie sieht | grüne Kanaldeckel, | grüne Zebrastreifen, | grüne Reklameschilder | und einen grünen Himmel. | Grüne Menschen | hasten durch | grüne Pfützen | und dabei spritzt | grünes Wasser | auf das grüne Straßenpflaster. | Die grüne Maus | huscht ganz schnell | über eine grüne Straße | in ein grünes Haus | und frisst dort | roten Käse.

1 Schreibe den Text ab und wende dabei die Abschreibregeln an.

Die Abdeckkarte

Mit der Abdeckkarte kannst du das Abschreiben von Texten gut üben.

Der Blauwal

Der gigantische Blauwal ist das größte Tier, das je auf unserem Planeten gelebt hat. Er ist noch größer als die Dinosaurier. Ein Blauwal wiegt so viel wie dreiunddreißig ausgewachsene Elefanten und wird bis zu dreiunddreißig Meter lang. *Desmond Morris*

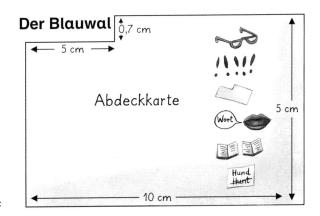

1 Stelle dir aus Pappe eine eigene Abdeckkarte her.

2 Lege die Abdeckkarte so auf den Text, dass du die ersten Wörter lesen kannst.

3 Schreibe den Text nach den Abschreibregeln ab.

Dosendiktat

Mit dem Dosendiktat kannst du üben, einen Text in Abschnitten auswendig aufzuschreiben. Du brauchst dazu eine Dose mit Deckel. Schneide mit dem Messer einen Schlitz in den Deckel.

1. Fertige dir eine Kopie des Übungstextes an.
2. Zerschneide den Text in Sinnschritte.
3. Lege die Textabschnitte in richtiger Reihenfolge vor dich hin.
4. Lies den ersten Textabschnitt, stecke ihn in die Dose und schreibe die Wörter auf. Wende dabei die Abschreibregeln an.
5. Wiederhole Punkt 4 bis du den ganzen Text geschrieben hast.
6. Vergleiche deinen geschriebenen Text genau mit dem Übungstext.

4 Wähle einen Diktattext aus und schreibe ihn als Dosendiktat.

Arbeit mit der Lernwörterkartei

Bei deiner Arbeit mit der Lernwörterkartei musst du die Anweisungen auf diesen beiden Seiten beachten, damit du erfolgreich Rechtschreiben lernst. Zunächst wiederholen wir die Schritte, die für die Arbeit mit dem 1. Fach und dem 2. Fach deiner Lernwörterkartei zu beachten sind, und die du sicher noch kennst.

- **Wörter auf Karte** schreiben und dabei **„Pilotsprache"** anwenden (beim Sprechen jeden Laut leise mitflüstern)
- Wörter **genau kontrollieren**
- schwierige Stellen **markieren**
- Karte ins 1. Fach stecken

Fach 2:
- **Wort lesen**, dabei leise flüstern und schwierige Stellen merken
- Wort **auswendig aufschreiben** und dabei leise flüstern
- Wort genau **kontrollieren**
- **→ richtig geschrieben** Karte in Fach 3 stecken
- Fehler gemacht → Karte in Fach 1 zurück

Fach 1:
- **Wort lesen**, dabei leise flüstern und schwierige Stellen merken
- Wort **auswendig aufschreiben** und dabei leise flüstern
- Wort genau **kontrollieren**
- **richtig geschrieben** → Karte in Fach 2 stecken
- Fehler gemacht → Karte in Fach 1 zurück

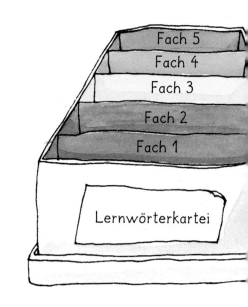

Fach 5
Fach 4
Fach 3
Fach 2
Fach 1

Lernwörterkartei

Fach 3:
- **Wort lesen und Wortart feststellen**
  Namenwörter (Substantive)
  in Einzahl und Mehrzahl aufschreiben
  der Baum, die Bäume
  Tunwörter (Verben)
  in der 1. Person Mehrzahl und in der
  2. und 3. Person Einzahl schreiben
  wir leben, du lebst, er lebt
  bei **Wiewörtern** (Adjektiven) Vergleichsstufen schreiben
  schnell, schneller, am schnellsten

- mit allen anderen Wörtern übst du wie in Fach 1 und 2
- Wörter genau **kontrollieren**
- **richtig geschrieben** ➜ Karte in Fach 4 stecken
- Fehler gemacht ➜ Karte in Fach 1 zurück

Fach 4:
- suche einen **Partner**, der dir das Wort **diktiert**
- Wort genau **kontrollieren**
- **richtig geschrieben** ➜ Karte in Fach 5 stecken
- Fehler gemacht ➜ Karte in Fach 1 zurück und
  weiter üben

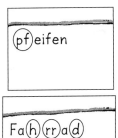

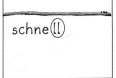

Üben mit der Trainingskarte

Mit der Trainingskarte kannst du auch das richtige Schreiben der Wörter trainieren, bei denen du bisher noch Fehler machst.

Trainingskarte Nr. 5 für		
Tier	Fell	suchen
tierisch	Felllänge	gesucht
Tierpfleger	Tiger	Pelz
Pflege	Leben	pelzig
pflegen	Lebensraum	Natur
See	lebendig	natürlich
Seehund	Umgebung	Zoo
Fluss	geben	Zoobesuch
fließen	Stroh	Eisbär
jagen	strohig	Bär
Jagd	Sorgfalt	draußen
Beute	sorgen	Außenanlage
erbeuten	versorgen	äußerlich
Futter	Schutz	äußern
Futterplatz	schützen	weiß
füttern	Nahrung	Weißkopfseeadler
Fütterung	ernähren	

1 Fertige dir eine Trainingskarte mit diesen Wörtern an, oder stelle dir eine Trainingskarte für deine eigenen Lernwörter her, die du bisher falsch geschrieben hast und jetzt üben willst.

2 Suche dir einen Partner, diktiert euch **abwechselnd** die Wörter, die auf euren Trainingskarten stehen und schreibt sie in euer Heft.

3 Kontrolliert die geschriebenen Wörter **gegenseitig**.
- **richtig** geschrieben ➜ hinter das Wort auf der Trainingskarte kommt ein **Strich** |
- **falsch** geschrieben ➜ hinter das Wort auf der Trainingskarte kommt ein **Kreuz** X
- fünf Striche hintereinander zeigen dir ̶H̶t̶, dass du das Wort jetzt schreiben kannst und dein Partner dir das Wort nicht mehr diktieren muss.

Texte überprüfen mit der Korrekturkarte

Mit der Korrekturkarte kannst du überprüfen, ob du deine eigenen Texte richtig geschrieben hast, wenn du die Schritte 1 bis 3 der Korrekturkarte sorgfältig durchführst.

Tim hat einen Text für die Wandzeitung geschrieben. Bevor er seinen Text aushängt, überprüft er den Text noch einmal mit der Korrekturkarte, verbessert die Fehler und schreibt den Text noch einmal richtig ab.

Die Regenbogenforelle

Am Mittwoch war *die* Klasse 3c mit einem Biologen am Haselbach. Da hat Joha*n*na mit einem Behälter eine Regenbo*n*geforelle aus dem Bach gefischt. Eine Regenbogen- forel*l*e brauch*t* fließendes, ~~und~~ kaltes und sauberes Wasser. Vor etwa*r* einhundert Jahren kamen die Fisch*e* *diese* von Amerika nach Europa. Forellen legen ihre Eier im Herbst oder Winter im Kies ab. Das heißt laichen. Die Forelle ist ein Beliebter Schpeisefisch.

　　　　Tim S.

1 Welche Fehler konnte Tim mit der Korrekturkarte finden?
Schreibe so auf: *Wort vergessen, nach Punkt kleingeschrieben …*

> **1. Von vorne lesen** und verstehen.
> Punkte, Striche, alle Wörter?

> **3. Besonderheiten:** Namenwort (Substantiv): groß/klein
> Selbstlaute: lang/kurz
> Wortverwandtschaften
> Ausnahmewörter
> umformen, zerlegen, nachschlagen

> **2. Von hinten nach vorne** lesen.
> Lesen, was da steht.

Wörter im Wörterbuch nachschlagen

Wenn du ein Wort im Wörterbuch nachschlagen willst, musst du zunächst in das Wort hineinhören, damit du erkennst, welcher Buchstabe an erster, zweiter oder dritter Stelle im Wort steht.

Achte **beim Suchen** zunächst auf den ersten Buchstaben des Wortes. Suche die Stelle im Wörterbuch, bei der alle Wörter mit diesem Buchstaben beginnen. **A**

Achte **beim Suchen** dann auch auf den zweiten Buchstaben. Suche die Stelle im Wörterbuch, bei der alle Wörter mit dem ersten und zweiten Buchstaben beginnen. **Aq**

Achte dann auch auf den dritten, vierten oder fünften Buchstaben. **Aqu, Aqua, Aquar**

1 Schlage die Wörter zu allen Bildern im Wörterbuch nach. Gehe alle drei Stufen durch und schreibe die Wörter nach dem Alphabet sortiert auf.

Bei zusammengesetzten Namenwörtern (Substantiven) musst du die Wörter zerlegen und jedes Einzelwort nachschlagen.

Wenn du nicht genau weißt, wie ein Wort am Anfang geschrieben wird, wie z.B. bei dem Wort ⌄, musst du bei V und bei W nachsehen.

Dehnung: ie

Wenn du entscheiden willst, ob ein Selbstlaut kurz oder lang ist, musst du das Wort mehrmals sprechen und dabei abwechselnd den Selbstlaut besonders kurz und besonders lang klingen lassen, damit du es sicher hören kannst.

Auf dieser Seite findest du Wörter mit i.
Klingt das i lang, musst du es hier als ie schreiben.

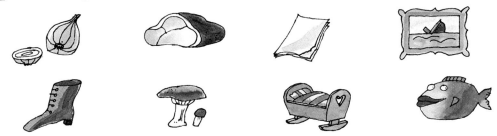

1 Suche bei den Bildern die Wörter heraus, bei denen das i lang klingt und schreibe sie in dein Heft.

Allerlei Merkwürdiges

In alten Märchen haben Rosen lange Beine.
Die Spatzen pupsen in den Zweigen eines großen Apfelbaumes.
Kannst du erklären, wo die Hausaufgabe geht?
Der Intercity rast mit Getöse über die Scheunen.
Ist Wein die Hauptstadt von Österreich?
Sebastian will heute unbedingt den Kinderwagen schaben.
Ein kleines Tor krabbelt über Onkel Peters Nase.
Beim letzten Wettlauf wollte Tabea unbedingt saugen.

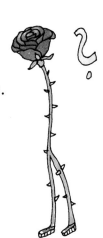

2 Tausche bestimmte Selbstlaute durch ie aus, dann ergeben die Sätze einen anderen Sinn.

3 Schreibe die neuen Sätze in dein Heft.

Wenn das i lang klingt, musst du das Wort fast immer mit ie schreiben.

Noch mehr Übungen: ie

1. Suche bei den Bildern die Wörter heraus, die in die ie-Kiste gehören.

2. Schreibe jedes Wort auf eine Karteikarte.

3. Kontrolliere die Schreibweise mit dem Wörterbuch.

4. Spielt mit den Karteikarten Memory. Reimwörter bilden ein Paar.

5. Schreibe die Reimwörter in dein Heft.

Dein Abschreibtext/Dein Partnerdiktat

Musikstunde: Ein neues Lied

Frau Tauber möchte│mit der Klasse 3b│ein neues Lied üben.│Es hat einen│
lustigen Text│und eine schöne Melodie.│Die Kinder│singen fröhlich mit│
und klatschen dazu im Takt.│Nur Jan│klatscht nicht mit,│er findet das
sehr schwierig.│Jan weiß nie genau,│wie lang die Abstände│sein müssen.

Mitlaute nach langem und kurzem Selbstlaut

Wenn du entscheiden willst, ob ein Selbstlaut kurz oder lang ist, musst du das Wort mehrmals sprechen und dabei abwechselnd den Selbstlaut besonders kurz und besonders lang klingen lassen, damit du es sicher hören kannst.

Die Länge der Selbstlaute bestimmt die Schreibweise eines Wortes:

➜ Nach einem langen Selbstlaut schreibt man *einen Mitlaut*:

Dom   Hut   Esel   Hase   Paket   Schaukel   Brezel   Heizung

➜ Nach einem kurzen Selbstlaut schreibt man mindestens *zwei Mitlaute*:

Nest   Lampe   Post   Flasche   Ferkel   Nelke   Pilz   Kerze

➜ *Hört* man nach einem kurzen Selbstlaut *nur einen* Mitlaut, dann muss man den *Mitlaut verdoppeln*:

Ball   Mann   Fell   Puppe   Mutter   Himmel

Achtung: Es gibt eine kleine Gruppe von Wörtern, für die das nicht gilt:
an, im, am, mit, um, drin, bin, bis, das, was, man

1 Schreibe die Wörter in dein Heft, lege dafür eine Tabelle an.

nach langem Selbstlaut ein Mitlaut	nach kurzem Selbstlaut verschiedene Mitlaute	nach kurzem Selbstlaut zwei gleiche Mitlaute
–	•	•
Hof	*Kraft*	*Kuss*

2 Kennzeichne die Länge der Selbstlaute mit einem Punkt oder Strich.

3 Schlage die Wörter im Wörterbuch nach und überprüfe, ob du die Regeln richtig angewandt hast.

a, e, i, o, u, ä, ö, ü sind Selbstlaute; au, äu, ei, eu sind lange Selbstlaute.

Noch mehr Übungen:
Mitlaute nach langem und kurzem Selbstlaut

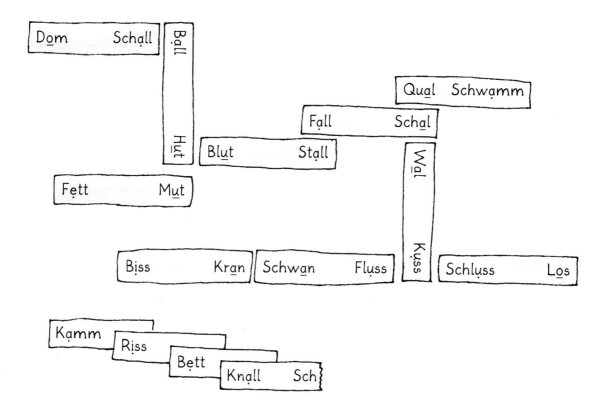

1 Wo kannst du die restlichen Kärtchen anlegen?
Schreibe alle Wörter auf, bei denen du die Kärtchen anlegen kannst.

2 Schreibe alle Reimwörter mit kurzem Mitlaut auf.
Schall – Ball, ...

Dein Abschreibtext/Dein Partnerdiktat

Onkel Paul

Hanna und Fabian wollen | nach der Schule | ein Buch kaufen | und dann | Onkel Paul | besuchen. | In der Buchhandlung | finden sie das Buch | „Das doppelte Lottchen". | Hanna möchte | einige Seiten lesen. | Fabian will schnell | zu Onkel Paul, | dort gibt es | Schokoladenkuchen. | Die Kinder kaufen | das Buch | und Hanna liest | Onkel Paul | einige Seiten vor.

k oder ck, z oder tz

Hörst du nach einem kurzen Selbstlaut nur k oder z,
dann schreibst du bei diesen Wörtern ck oder tz.

Na̲cken   Glo̲cke   Rü̲cken   Schmu̲tz   Sa̲tz   Hi̲tze

1 Schreibe die Wörter in dein Heft, lege dafür eine Tabelle an.

nach langem Selbstlaut ein Mitlaut –	nach kurzem Selbstlaut verschiedene Mitlaute •	nach kurzem Selbstlaut **ck** oder **tz** •
Ha̲ken	Bi̲rke	Ho̲cker
Hei̲zung	Ra̲nzen	Schli̲tz

2 Kennzeichne die Länge der Selbstlaute mit einem Punkt oder Strich.

3 Schlage die Wörter im Wörterbuch nach und überprüfe, ob du die
Regeln richtig angewandt hast.

> Nach kurzem Selbstlaut werden k und z nicht verdoppelt,
> sondern ck oder tz geschrieben.

Silbentrennung bei ck

Beim Zergliedern der Wörter nach Sprechsilben bleibt ck immer
zusammen: „ck niemals teile, schreib's auf die nächste Zeile."

Gackernde Gockel kleckern locker dreckige Flecken.
Lockere Hecken verstecken zwickende Zecken.

4 Schreibe die Sätze in Sprechsilben so: *Ga-ckern-de Go-ckel …*

Noch mehr Übungen: k oder ck, z oder tz

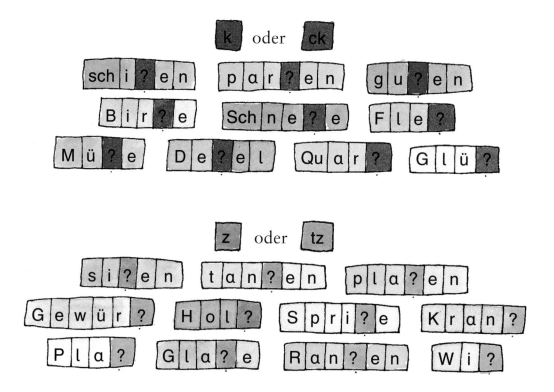

1 Lies die Wörter. Wird der Selbstlaut lang oder kurz gesprochen?

2 Schreibe die Wörter mit ck und tz auf.

3 Markiere den kurzen Selbstlaut und die eingesetzten Buchstaben farbig.

4 Schreibe die ck-Wörter noch einmal in Silben zergliedert auf.

Dein Abschreibtext/Dein Partnerdiktat

Kritzelei

Jakob braucht | etwas Bewegung. | Er nimmt Stift | und Spitzer | und
geht | zum Papierkorb. | Nach kurzer Zeit | flitzt er | zu seinem Platz | zurück. |
Jakob bekommt | einen großen Schreck. | Jemand hat | in sein Heft
gekritzelt. | Er will wissen, | wer es war, | aber niemand gibt es zu. | Da wird
Jakob wütend | und meckert mit | seinem Tischnachbarn. | Zum Glück kann
Jakob | die Striche wieder ausradieren.

Wörter mit ß

Straße, reißen, Grüße, fleißig ...
Diese Wörter schreibst du mit ß, weil der s-Laut nach langem Selbstlaut
scharf klingt.
Scharf heißt stimmlos, weil der Kehlkopf beim Sprechen nicht vibriert.
Das kannst du fühlen, wenn du deine Finger an den Kehlkopf legst.

1 Sprich die Wörter deutlich und schreibe alle Wörter mit stimmlosem
s-Laut in dein Heft. Schreibe ß.

2 Schreibe die Einzahl daneben.

3 Bilde Wortzusammensetzungen mit dem Wort Straße:
Straßenbahn, ...

flie–	au–	sprie–	bü–	schwei–
gie–	hei–	spa–	schie–	bei–
schmei–	schlie–	grü–	sto–	drau–

— -ßen

4 Schreibe die Wörter auf.
fließen, ...

5 Suche die Wörter heraus, die keine Tunwörter (Verben) sind.

6 Bilde mit den Tunwörtern (Verben) und den Vorsilben ab-, ein-, ver-, weg-
neue Wörter und schreibe sie auf.
abstoßen, eingießen, verbüßen, wegschmeißen ...

ß (= stimmloses, scharfes s) kann nur nach langem Selbstlaut stehen.
Das stimmlose (scharfe) s muss auch beim Verlängern hörbar sein.

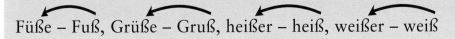

Füße – Fuß, Grüße – Gruß, heißer – heiß, weißer – weiß

Noch mehr Übungen: Wörter mit ß

Gedicht vom Krokodil

Ein Krokodil erhebt zum Gruß
niemals die Hand, auch nicht den _____.
Ihm ist egal, wie andre heißen,
es möchte stets nur einfach _____.
Sein Appetit ist furchtbar groß,
blitzschnell schnappt's zu, mit einem _____.

Im Wasser treibt etwas, es schimmert weiß.
Vor Freude wird's dem Krokodil ganz _____.
„Wird es an mir vorüberfließen,
kann ich geschwind nach vorne _____.
Beacht ich nur das rechte Maß,
wird diese Jagd für mich ein _____."
Jetzt schnappt es zu, beißt ins Gesäß,
– doch es zerbricht nur ein _____.
Im Maul sieht man die Scherben sprießen
auch Tränen sich im Bach _____.

Den Irrtum muss es schmerzlich büßen.
Viel besser wär's, tät's endlich _____,
dann wüsst es, wie die Dinge heißen,
die Menschen in das Wasser _____.

beißen

ergießen

Stoß

schießen

heiß

Spaß

grüßen

Gefäß

Fuß

schmeißen

1 Lies das Gedicht und ergänze die fehlenden Wörter.

2 Schreibe die Reimwörter auf.

3 Mache unter dem langen Selbstlaut einen Strich.

Dein Abschreibtext/Dein Partnerdiktat

4 Suche dir eine Strophe als Abschreibtext aus.

d – g – b bei Tunwörter (Verben) und Wiewörtern (Adjektiven)

Wenn du Tunwörter (Verben) zusammen mit den Personalformen du, er/sie/es oder ihr schreiben musst, dann bilde zur Selbstkontrolle immer die Wir-Form.

du schiebst	→	wir schieben
er fliegt	→	wir fliegen
sie bleibt	→	wir bleiben
ihr mögt	→	wir mögen

Vater gi■t Sabrina ein Buch. Sie le■t es auf den Tisch. Er schlä■t eine Seite auf und zei■t ihr eine Aufgabe. Nun ü■t sie fleißig und schrei■t die Ergebnisse in ihr Heft.

1 Schreibe die Sätze vollständig auf. Vergiss nicht die Selbstkontrolle.

Bei Wiewörtern (Adjektiven) kannst du zur Selbstkontrolle die erste Vergleichsstufe bilden. In einigen Fällen hilft das nicht weiter. Suche dann verwandte Wörter und verlängere sie so, dass du b, d oder g genau hören kannst.

billig	→	billiger	*(1. Vergleichsstufe)*
freundlich	→	Freunde	*(verwandtes Wort)*
möglich	→	mögen	*(verwandtes Wort)*

trauri■ ferti■ lusti■ gesun■ län■lich tüchti■ lie■lich tau■lich

2 Suche zu jedem Wiewort (Adjektiv) die erste Vergleichsstufe oder ein verwandtes Wort und schreibe die Wortpaare auf.

Bei b, d oder g in Tuwörtern (Verben) und Wiewörtern (Adjektiven) musst du verwandte Wörter suchen, damit du den Laut genauer hören kannst.

Noch mehr Übungen: d – g – b bei Tunwörtern und Wiewörtern

er lobt
wir loben
er singt
wir singen
rund
runder

er gibt   er klebt   er lebt   er schiebt   er tobt   er biegt   er fragt
er liegt   er mag   er sagt   feig   giftig   schräg   lieb   trüb   blöd   wild

Schwarzer Peter

1. Fertige dir eine „Schwarzer-Peter-Karte" an.
2. Schreibe alle Wortpaare auf Karten. Verwende auch
   die Wörter in dem Kasten und bilde neue Paare.
3. Suche dir einen Spielpartner.
4. Mischt alle Karten und verteilt sie gleichmäßig.
5. Zieht immer abwechselnd eine Karte von eurem Mitspieler.
6. Jeder achtet bei seinen Karten auf Wortpaare und legt sie ab.
7. Wer am Ende die „Schwarze-Peter-Karte" behält, hat verloren.

Dein Abschreibtext/Dein Partnerdiktat

Ferien

Familie Berger hat│ihren Urlaub│auf dem Reiterhof verlängert.│Tanja
wagt sich erst│seit einigen Tagen│zu den Pferden.│Max glaubt,│er und
seine Schwester│könnten bald prima reiten.│Er freut sich│über jeden
zusätzlichen Tag│auf dem Hof.│Auch Mutter und Vater sind glücklich
darüber,│noch ein wenig bleiben│zu können.

Langes i ohne Dehnungszeichen

Es gibt einige Wörter, bei denen nur ein einfaches i steht, obwohl der
Selbstlaut lang klingt. Diese Wörter musst du auswendig lernen.

Der i-Wort-Rap

Leute, hört euch an die Kunde,
das lange i macht hier die Runde.
Ihr schreibt's hier ohne Dehnungszeichen.
Ein wenig lernen sollte reichen.

Ein Kompott aus **Apfelsinen**
schmeckt noch besser mit **Rosinen**.
Vom Zucker nimmst du nur 'ne **Prise**,
dann kriegt dein Zahnarzt keine **Krise**.
Den i-Wort-Rap, den lernen **wir**,
er hilft uns allen, **dir** und **mir**.

Der kleine Fritz hat 'ne **Kusine**,
die baute ihm eine **Maschine**.
Für dies Gerät taugt kein **Benzin**,
man füllt hinein nur **Medizin**.
Den i-Wort-Rap …

Benutze keine **Bleistiftmine**
als Bogen für die **Violine**.
Das kannst du lesen in der **Fibel**,
doch nicht beim Pastor in der **Bibel**.
Den i-Wort-Rap …

Kater Tom frisst gern **Sardinen**,
nutzt als Schaukel die **Gardinen**.
Oma sagt: „Er ist ein **Tiger**,
nagt am Holz ganz wie ein **Biber**."
Den i-Wort-Rap …

Noch mehr Übungen: i-Wörter auswendig lernen

Ein	Kompott aus	Apfelsinen
schmeckt	noch besser mit	Rosinen.
Vom	Zucker nimmst du nur 'ne	Prise
dann	kriegt dein Zahnarzt keine	Krise.
den	i-Wort-Rap, den lernen	wir
er	hilft uns allen, dir und	mir.

1 Schreibe von jedem Vers (= Zeile) der zweiten Strophe jeweils das erste und das letzte Wort auf ein Kärtchen.

2 Lies die zweite Strophe von dem i-Wort-Rap mehrfach, bis du sie fast auswendig kannst.

3 Lege dann nur die Wortkarten der zweiten Strophe in der richtigen Reihenfolge vor dich hin.

4 Sage nun die zweite Strophe so lange vor dich hin, bis du alle Kärtchen umdrehen kannst, weil du sie nicht mehr als Gedankenstütze brauchst.

5 Lerne so auch die Strophen drei, vier und fünf.

Dein Abschreibtext/Dein Partnerdiktat

Obstsalat

Gabi geht zu Frau Sommer│in den kleinen Laden.│Dort gibt es Obst│und Gemüse.│Für das gemeinsame Schulfrühstück│muss Gabi noch einige│Rosinen│und ein Pfund Apfelsinen kaufen.│Zwei Kilo Mandarinen│möchte Gabis Mutter│haben.│Frau Sommer legt alles│in den Korb│und schenkt Gabi noch│drei große Birnen.

Silbentrennendes -h

Folgt in Tunwörter (Verben) nach den Selbstlauten: a, e, i, o, u, ä, ö, ü
ein e, dann steht zwischen dem Selbstlaut und dem e immer ein h.
Du hörst es beim Sprechen nicht. Beim Schreiben kannst du es zur Hilfe
mitflüstern.

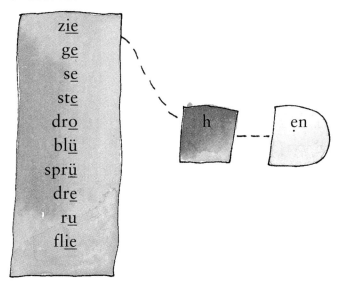

1 Schreibe die Tunwörter (Verben) untereinander in der Wir-Form auf.
wir ziehen,
wir gehen,

2 Schreibe die Wörter in der Du-Form und Er-Form dahinter.
wir ziehen, du ziehst, er zieht
wir gehen, du gehst, er geht

Diese Wiewörter (Adjektive) und Namenwörter (Substantive) haben ein h
am Wortende. Es ist auch ein silbentrennendes -h. Du kannst es nach der
Regel oben bei Adjektiven erkennen, wenn du die Vergleichsform bildest,
bei Substantiven in der Mehrzahl: froh – froher, Floh – Flöhe, Reh – Rehe.

(roh – Floh – froh – Stroh) (Kuh – Schuh) (Reh – weh – Zeh)

3 Schreibe die Wörter ab. Setze die Mehrzahl oder die
Vergleichsformen dazu. Lies laut.

4 Lerne die Reimwörter mit der Lernwörterkartei.

Noch mehr Übungen: Silbentrennendes h

Ich
Du
Lisa
Sara und Jan

ziehen
gehen
brühen
sprühen
mähen
krähen
fliehen
stehen
drehen

mit der Farbdose.
einen Tee auf.
an einer Schnur.
das Gras.
in die Schule.
vor den Verfolgern.
auf der Brücke.
an dem Verschluss.
wie ein stolzer Hahn.

1 Bilde mit den Wörtern in den Kästen sinnvolle Sätze. Beachte dabei, dass du manchmal die Tunwörter (Verben) verändern musst.

2 Schreibe die Sätze in dein Heft.

3 Markiere bei den Tunwörter (Verben) das h farbig.
Ich ziehe an einer Schnur. Du gehst …

Dein Abschreibtext/Dein Partnerdiktat

Im Kuhstall

Im Stall von Bauer Huber | stehen zwanzig Kühe. | Jeden Morgen | und jeden Abend | geht der Bauer | zu den Kühen, | um sie zu melken. | Er hört sie schon | von weitem muhen. | Resi ist die beste Milchkuh | von Bauer Huber. | Damit das Vieh gesund bleibt, | wird der Kuhstall täglich | ausgemistet. | Danach wird der Boden | mit frischem Stroh | bedeckt.

Umlautung au – äu, a – ä

Die Suche nach dem Wortstamm nützt dir bei vielen Wörtern für die
richtige Schreibweise:
Du schreibst Wörter mit ä, wenn im Wortstamm ein a ist.
Du schreibst Wörter mit äu, wenn im Wortstamm ein au ist.

Bräutigam	–	Braut
häuslich	–	Haus
Bäuerin	–	Bauer
bläulich	–	blau
Hälse	–	Hals
auffällig	–	auffallen
gelähmt	–	lahm
erhält	–	erhalten
Häftling	–	Haft

kräftig lächeln Schläger Ausgänge Schläuche wählen Kästen
schwächer ländlich Fäuste härter Klänge Verkäufer quälen Läuse
stärker ängstlich Bäuche schätzen Mäuler Träume zählen Anfänger
rächen hässlich Schäfer hämmern Klänge schäumen väterlich wärmer

1 Schreibe zu jedem Wort einen passenden Begriff mit a oder au im
Wortstamm auf.

kräftig – Kraft, lächeln – lachen ...

2 Suche den passenden Wortstamm und schreibe die Wörter in der
Mehrzahl auf.

3 Kontrolliere die Schreibweise mit dem Wörterbuch.

Wörter mit ng

Bei Tunwörtern (Verben) mit ng kannst du den ng-Laut deutlich hören,
wenn du die Wir-Form bildest.

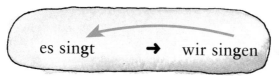

es singt → wir singen

Ein großes Bild hän■t an der Wand:
Im Vordergrund blin■t das Wasser eines Sees. In einem kleinen Ruderboot
win■t ein Junge mit einem Taschentuch. Ein Mädchen steht am Ufer
und ban■t um seine Papierschiffchen. Eines davon versin■t bereits.
Im Hintergrund wirft ein Kind einen Ball in die Luft und fän■t ihn auf.
Eine Kindergruppe schwen■t eine bunt bemalte Fahne und sin■t ein Lied.
Am rechten Bildrand steht ein Schwan und verschlin■t riesige Brotkrumen.
Auf der linken Seite sitzt ein Ehepaar auf einer Bank und zan■t.

1 Suche im Text die Tunwörter (Verben) mit ng, schreibe sie auf
und bilde die Wir-Form.
hängt – wir hängen ...

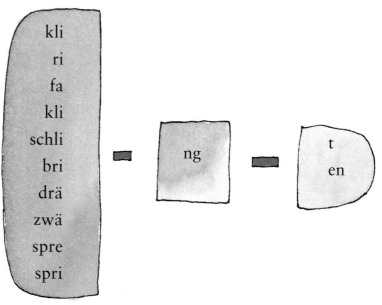

kli
ri
fa
kli
schli
bri
drä
zwä
spre
spri

– ng – t / en

2 Schreibe so: *klingen   klingt*
ringen   ringt

Wörter mit pf

1 Schreibe die pf-Wörter auf.

Pfau, ...

2 Denke dir mit den pf-Wörtern zusammengesetzte Namenwörter (Substantive) aus und schreibe sie auf.

Pfauenfeder, Pfauenauge, ...

Bilder-Rätsel

3 In diesen Bildern verstecken sich vier Tunwörter (Verben) mit pf am Anfang. Schreibe die Wörter auf.

Ich sehe fern

1 Sieh dir die Bilder an. Warum sehen die Menschen dort fern?

2 Wann siehst du fern?

3 Erzähle von einem besonderen Erlebnis beim Fernsehen. → S. 68/69

Fernsehprogramm auswählen

11⁰⁰ Animal Farm – Aufstand der Tiere

RTL II · Nach George Orwell

Trickfilm Eber Old Major bläst zur Revolution gegen den fiesen Bauern Jones. Zusammen schlagen die Tiere ihn in die Flucht… Siehe S.178.
Expertenmeinung: ab 8 Packendes Lehrstück über den Missbrauch der Macht in leicht verständlicher Form.
▶12.20   80 Min.   2-202-256
▶VPS 11.05   7-267-256

Ein Tyrann: Bauer Jones

11⁰³ SimsalaGrimm (1)

ARD · „Das tapfere Schneiderlein" ⫟

Trickserie von 1999 in 26 Folgen nach Märchen der Brüder Grimm. Bücherwurm Doc Croc und Yoyo unterstützen das Schneiderlein bei seinen Heldentaten.
Expertenmeinung: ab 5 Leider recht durchschnittlicher Versuch, die Grimmsche Welt neu zu beleben.
▶11.30   27 Min. 300-006-955

Sieben auf einen Streich

09³⁵ Sylvester und Tweety

PRO 7 · „Als Granny die Welt regierte" ⫟

Trickserie Neue Folgen von 1998 aus den Studios der Warner Brothers. Der treudoofe Kater und der clevere Kanarienvogel Tweety bereisen mit Granny wieder die Welt.
Expertenmeinung: ab 6 Turbulenter Zeichentrick-Spaß mit dem streitbaren Duo.
▶10.05   30 Min.   8-929-223

Ein Herz und eine Seele

1 Lies die Filmankündigungen.

2 Was erfährst du über den Film, was erfährst du nicht?

3 Welchen der Filme möchtest du sehen? Warum?

4 Schreibe eine Filmankündigung für einen Film, den du empfehlen kannst.

Computer spielen

Ulf:	„Schau dir mein neues Spiel ‚Dangerous Nature' an.
(zu Peter)	Ich find' das einfach super.
	Du musst dich immer schnell entscheiden.
	Du musst klettern, laufen, schwimmen oder fliegen, je nach Gefahr.
5	Achtung, die Krokodile aus dem Sumpf!
	Die schnappen mich nicht!
	Willst du auch mal? Pass auf die Schlangen auf."
Peter:	„Du, das gefällt mir. Tolle Grafik! Aber du musst ja ganz schön
(übernimmt	schnell reagieren. Oh, Mist, jetzt hat mich das Krokodil berührt.
10 *die Station)*	Aus! Ende!
	Du, dass macht echt Spaß zu zweit am Computer."
Ulf:	„Finde ich auch. Kennst du schon das Spiel ‚Yacht'?
	Da muss man sich selbst ein Segelschiff bauen.
	Dein Gedächtnis muss dabei gut sein. Sonst findest du die
15	abgelegten Bauteile nicht wieder.
	Das ist ganz schön schwierig. Das Spiel macht aber lange Spaß.
	Das ist besser als Fernsehen."
Peter:	„Ja, solche Spiele, bei denen ich selbst mitbestimmen kann,
	was passiert, finde ich Spitze."

1 Welches der vorgestellten Spiele interessiert dich. Warum?

2 Wann benutzt du den Computer?

3 Erzähle ein Erlebnis mit deinem Computer oder einem Computerspiel.
→ S. 74/75

4 Was macht dir mehr Spaß: Fernsehen oder Computerspiele?

Spiele-Tagebuch

Um was geht es?	Wie geht das Spiel?	Personen	Wie fandest du das Spiel?
Das Spiel heißt „Spyro". Die Hauptfigur ist Spyro, ein kleiner Drache. Sein Feind ist Gnasty Gnorc, ein übler Kerl. Er hat fünf glückliche Drachenfamilien in Diamanten verzaubert. Spyro muss die Drachen befreien und Gnasty Gnorc überwinden.	Spyro spielt man auf einem Spielecomputer. Das ist ein Computer nur für Spiele.	Spyro kann man alleine oder zu zweit spielen.	Spannend, witzig. Ich stelle mir immer vor, dass ich selbst der Drache bin. So kann ich andere retten, schnell laufen, fliegen, springen.

1 Beschreibe ein Computerspiel, das du schon gespielt hast.
Zeichne dazu den Tabellenrahmen ab und notiere in die Tabelle.

2 Legt ein Computer-Spiele-Buch für eure Klasse an.
Heftet dazu eure Tabellen in einen gemeinsamen Ordner.

3 Leiht euch den Ordner reihum aus.

4 Legt euch ein solches Spieletagebuch auch für Gesellschaftsspiele an.

Unser Filmdrehbuch

aus dem Buch von Erich Kästner: „Das doppelte Lottchen"

Am Nachmittag werden zwanzig „Neue" im Kinderheim Seebühl am Bühlsee
erwartet. Zwanzig kleine Mädchen aus Süddeutschland. […]
Die anderen Kinder sitzen längst. Nur Luises und Lottes Schemel sind
noch leer. Da öffnet sich die Tür und Lotte erscheint. Sie setzt sich ohne zu
5 zaudern auf Luises Schemel.
„Du!", warnt Monika. „Das ist Luises Platz! Denk an dein Schienbein.
Luise versteht da keinen Spaß. Du kennst sie!"
Das Mädchen zuckt nur mit den Achseln und beginnt zu essen. Die Tür
öffnet sich wieder, und – ja, zum Donnerwetter! – Lotte kommt leibhaftig
10 noch einmal herein! Sie geht, ohne eine Miene zu verziehen, auf den letzten
leeren Platz zu und setzt sich.
Die anderen Mädchen am Tisch sperren Mund und Nase auf.
Jetzt schauen auch die Kinder von den Nebentischen herüber.
Sie stehen auf und umdrängen die beiden Lotten.
15 Die Spannung löst sich erst, als die zwei zu lachen anfangen.
Es dauert keine Minute, da hallt der Saal von vielstimmigem Kindergelächter
wider. Frau Muthesius runzelt die Stirn. „Was ist denn das für ein Radau?"
Sie steht auf und schreitet mit königlich strafenden Blicken in den tollen
Jubel hinein. […]
20 „Also, welche von euch ist nun Luise Palfy und welche Lotte Körner?"
Trude schiebt sich zögernd in den Vordergrund des Geschehens,
blickt musternd von der einen Lotte zur anderen und schüttelt ratlos den
Kopf. Dann aber huscht ein spitzbübisches Lächeln über ihr Gesicht.
Sie zieht die ihr näher stehende Lotte tüchtig am Zopf – und im nächsten
25 Augenblick klatscht eine Ohrfeige!
Sich die Backe haltend, ruft Trude begeistert: „Das war Luise!"

1 Lies den Text aus dem Buch, dann den Drehbuchtext.
Was ist anders im Drehbuch?

2 Wie müsste Charlie im Film reagieren, wenn sie sich
ähnlich verrät wie Luise im Buch?

COMPUTER

aus dem Drehbuch des Films „Charlie und Louise"

Im Essraum des Ferienheims in Schottland herrscht gespenstische Stille.
Die Kinder sitzen an den Tischen und schauen erstaunt auf ihr Abend-
essen. MISS BISHOP *hat eines der gefürchteten britischen Gerichte*
serviert. [...] In diesem Moment kommt – wer? LOUISE *oder* CHARLIE? –
5 *herein, mit langen, offenen Haaren, in Blue-Jeans und einem T-Shirt und*
setzt sich auf Louises Platz.

> JOCHEN: Das ist Louises Platz.
>
> LOUISE: Na, und?
>
> WALLI: Ärger' sie bloß nicht! Sonst fängt sie gleich wieder
10   an zu heu – heu –

Walli starrt entgeistert in Richtung Eingang: Der zweite Zwilling – und
diesmal ist es CHARLIE – *kommt hereinspaziert, genau gleich frisiert*
und gekleidet wie der erste.

> CHARLIE: Mahlzeit!

15 *Von allen Tischen schauen die Kinder wie erstarrt herüber.*
CHARLIE *und* LOUISE *beginnen gleichzeitig zu essen.*

> LOUISE: Hm. Schmeckt prima.
>
> CHARLIE: Gib mal das Ketschup rüber!

LOUISE *gehorcht.* CHARLIE *schüttet sich Ketschup übers Essen. [...]*
20 *Beide essen, während die anderen sie immer noch anstarren. Schließlich*
muss Charlie wegen der dummen Gesichter losprusten – und steckt
Louise an. Auch auf die anderen wirkt das Lachen ansteckend.

> JOCHEN: Wer von euch ist denn nun welche?
>
>   (Zu LOUISE) Du bist Charlie!

25 *LOUISE zuckt geheimnisvoll die Achseln. Mehrere Kinder schreien*
durcheinander, wer denn nun welche sei. Die Zwillinge amüsieren sich.
Schließlich reißt LYDIA CHARLIE *die Ketschupflasche aus der Hand. ...?*

3 Ergänzt die Reaktion Charlies. Schreibt das Drehbuch weiter. ➜ S. 84/85

4 Spielt nach eurem Drehbuch. Filmt das Spiel mit der Kamera.

Wörtliche Rede

Nadine sagt zu Alexander: „So mutig wie Mulan möchte ich auch mal sein." Da meint Alexander: „Ich fand Mulan auch toll. Ich mag die Zeichentrickfilme von Walt Disney."

„Du, Alexander, ich hab nicht so ganz verstanden, wie die Lawine eigentlich ins Rollen kam." „Erklär ich dir gleich", sagt Alexander und wirft seine Kinokarte in den Straßenpapierkorb.

Also, die Chinesen haben doch eine Rakete abgeschossen in das Gebirge. Und dadurch kam der Schnee ins Rutschen und hat die Hunnen begraben. Ach so, ja richtig. Ich fand, das geschah den blöden Hunnen ganz recht.

1 Lies den gesamten Text. Lest dann mit verteilten Rollen.

2 Wer spricht was in dem gelb unterlegten Absatz?

3 Schreibe den gelb unterlegten Absatz ab. Unterstreiche mit verschiedenen Farben, was Alexander und Nadine sagen.

Um besser zu erkennen, wer etwas spricht, setzt man die Rede in Anführungszeichen (Gänsefüßchen). Beispiel:

Nadine sagt zu Alexander: „So mutig wie Mulan möchte ich auch sein."

Begleitsatz mit   Anführungszeichen   Anführungszeichen
Doppelpunkt   unten   oben

4 Schreibe den gelb unterlegten Absatz mit Anführungszeichen und Begleitsätzen. Male die Anführungszeichen und Doppelpunkte dabei rot an. ➜ S. 112/113

Wörtliche Rede im Comic

Der Kühlschrank ist fast leer.

Igitt, Gurken!

Was heißt hier igitt? Lass mich raus!

Mann, das kann doch nicht wahr sein! Was ist das denn?

Das siehst du doch! Ich bin ein Gurken-Gespenst!

Ein Gespenst habe ich mir immer ganz anders vorgestellt.

Daniela Kulot-Frisch

1 Warum stehen hier die Sätze, die die Figuren sprechen, nicht in Anführungszeichen? Überlege.

2 Was könnte in den leeren Sprechblasen stehen? Schreibe in dein Heft auf. Schreibe mit Begleitsätzen.

Das Gurkengespenst sagt: „..."
Willi antwortet: „..."

Lange und kurze Selbstlaute, Doppelmitlaute

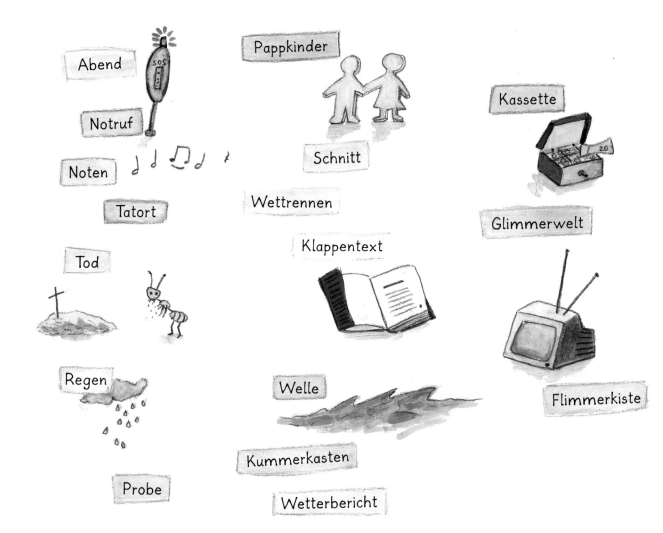

Abend

Notruf

Noten

Tatort

Tod

Regen

Probe

Pappkinder

Schnitt

Wettrennen

Klappentext

Welle

Kummerkasten

Wetterbericht

Kassette

Glimmerwelt

Flimmerkiste

 1 Sprich jedes Wort abwechselnd lang oder kurz aus. Was klingt richtig?
→ S. 125/126

2 Schreibe die Wörter in dein Heft und mache unter die langen Selbstlaute
einen Strich und unter die kurzen Selbstlaute einen Punkt.
Bodenturnen   Pappfiguren

---

die Kassette   der Klappentext   der Wetterbericht   die Flimmerkiste
der Schnitt   der Tatort   die Welle   der Kummer   die Pappe   die Wette

Dehnungs-h

Trainingskarte Nr. ☐ für _____		
bezahlen	Kahn	Rahm
erzählen	kehren	Sahne
Fahne	lahm	Sehne
fahren	Lohn	Uhr
Fehler	mahnen	verwöhnen
Hahn	Mohn	wählen
Huhn	Mühle	Wahnsinn
Jahr	nehmen	Zahl
kahl	Ohr	Zahn

Wörter, die mit h die Länge des vorangehenden Vokals verdeutlichen, gibt es wenige. Sie sind Ausnahmen.

1 Erstelle diese Trainingskarte mit diesen Ausnahmewörtern. Ergänze.

2 Trainiere die Ausnahmewörter mit der Trainingskarte. ➜ S. 120

-hl	-hm	-hn	-hr
bezahlen	*lahm*	*Fahne*	*fahren*

3 Schreibe ab und trage die Wörter von der Trainingskarte in die Tabelle ein.

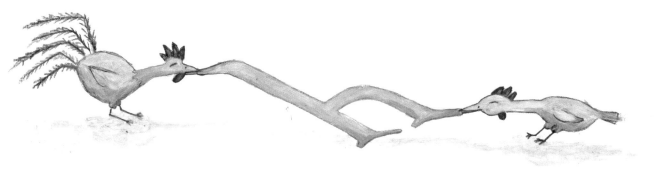

Was ist denn das?

1 Was sagt ihr dazu?

Überall mit hin

1 Warum sind die Kinder beim Lesen unterschiedlich weit gekommen?

2 Wo gebrauchst du überall Bücher?

3 Warum, glaubst du, lesen Menschen gerne Bücher?

Die Burgen

Burgen sind mächtige Bauwerke. Die meisten sind schon viele
Jahrhunderte alt, und trotzdem sind manche von ihnen noch sehr gut
erhalten. Viele kann man aber nur noch als Ruinen besichtigen.
Burgen wurden meist auf Anhöhen errichtet, von denen aus man das
5 Umland überblicken konnte. Es gab aber auch Wasserburgen,
die in Teichen lagen oder durch breite Wassergräben geschützt wurden.
Auf der Burg lebte der Burgherr. Zu ihm flüchteten sich die Bewohner
der umliegenden Dörfer, wenn ihnen Gefahr drohte – zum Beispiel durch
plündernde Räuber.
10 Oft entstanden ganze Städte im Schutz einer Burg.

Burg Wildenburg im Odenwald.
1   Graben
2   Zugbrücke
3   Äußeres Tor
4   Zwinger der Vorburg
5   Inneres Tor
6   Schildmauer
7   Bergfried
8   Wehrgang mit Schießscharten
9   Wehrturm
10   Herrenhaus (Palas)
11   Burgkapelle
12/13 Wirtschaftsgebäude
       und Stallungen
14   Brunnen
15   Burggarten

1 Schau dir die Zeichnung der Burganlage genau an.
Findest du alle Bezeichnungen? → S. 122

2 Besprecht, wozu die einzelnen Gebäude und Anlagen dienten.

3 Kennst du Städte, die auf -burg enden?

Leben auf einer Burg

Das Leben auf einer Burg war sicherlich auch bei
wohlhabenden Rittern nicht besonders bequem.
Nur das Zimmer der Burgherrin konnte durch einen Kamin beheizt
werden. Die Fenster waren klein, weil man sich damals keine Glasscheiben
5 leisten konnte. Im Winter wurden sie mit Holzläden verschlossen oder mit
Tierhäuten zugehängt.
Da es nicht viel Abwechslung gab, freuten sich alle, wenn ab und zu ein
fahrender Sänger auf die Burg kam. Er spielte auf einer Laute und sang
dazu Lieder, die ganze Geschichten erzählten.
10 Manche Ritter schrieben auch Liebesgedichte, die sie schönen Edelfrauen
vortrugen. Die Menschen sprachen damals ein etwas anderes Deutsch als
heute. Aber viele Wörter kann man trotzdem verstehen.

Hier ist so ein Gedicht. Die Sprache nennt man Mittelhochdeutsch.
Wer der Dichter war, weiß man leider nicht mehr.

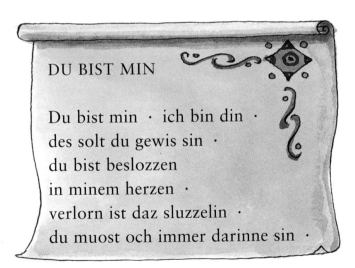

DU BIST MIN

Du bist min · ich bin din ·
des solt du gewis sin ·
du bist beslozzen
in minem herzen ·
verlorn ist daz sluzzelin ·
du muost och immer darinne sin ·

unbekannt, 12. Jahrhundert

Ein mittelalterlicher Dichter

1 Kannst du dir das Leben damals auf einer Burg vorstellen?
Erzähle. → S. 68/69, 74

2 Sprecht das Gedicht. Sprich „zz" wie „ss".

3 Versuche, das Gedicht in unser heutiges Deutsch zu übersetzen.

Der Burgherr und seine Untertanen

Die Bauern arbeiten auf den Ländereien
des Herrn. Jede Familie hat von ihm einen
Wohnplatz erhalten und dazu etwas Land,
das sie selbst bewirtschaften darf.

5 Die Bauern müssen Abgaben an den Herrn
leisten. Jedes Jahr bringen sie ihm einen
Teil ihrer Ernte und einige Tiere aus ihrer
Herde. Ohne dafür bezahlt zu werden,
müssen sie Gräben, Straßen und Mauern

10 ausbessern und in den Wäldern Holz fällen.

Aus alten „Stundenbüchern", die die zwölf
Monate in Bildern zeigen, erfahren wir
einiges vom Leben der Menschen damals.
Hier siehst du das Bild vom Monat März

15 aus so einem Buch. Es gehörte einem
Herzog, dem Duc de Berry, und zeigt die
Bauern bei der Feldarbeit. Im Hintergrund
ist die Burg des Herzogs zu sehen.

1 Was ist ein Untertan? Lies im Text nach.

2 Berichte, welche Arbeiten die Bauern damals für den Burgherrn
verrichten mussten und wie sie das machten.

3 Was erfährst du aus dem Text, was aus dem Bild?

4 Musste der Burgherr auch etwas für die Bauern tun?
Überlege. → S. 78/79

Das Leben im Dorf

Das Buch „Der Schattenbruder" handelt von dem Jungen Hetja,
der seinen Vater, den Herrscher auf Burg Attgar, rächen will.
Doch der finstere Fürst hat ihm nach seiner Geburt einen Schatten-
bruder in die Wiege gelegt, der Hetjas Pläne zunichte machen soll.

Ja, lang waren die Winter auf Attgar. Die Stürme heulten, Schnee
wirbelte tagelang, nächtelang.
Aus dem Dorf unter der Burg und an der Burg stieg Rauch auf.
Die Strohdächer verschwanden unter weißen Decken. Vermummte
5   Gestalten suchten sich dort einen Weg zwischen den Schneemauern.
Die Krähen kreisten um die Türme. Die Burg lag über der Bucht und
über dem Meer. Weit hinten in ihrem Rücken erhoben sich bewaldete
Höhenzüge. Unter der Burg war das Dorf. Ein schmaler Saumpfad
führte hinab. Die Dorfbewohner trugen auf ihren Rücken hinauf, was
10   sie dem Herrn schuldeten, die Fische vom Meer, aber auch das Getreide
vom Feld, das Fleisch aus den Ställen, die Milch, den Hanf und das Fett,
den Honig, die Beeren, das Torf aus den Mooren.
Das Dorf ernährte die Herrschaft, der Herr gab dem Dorf Schutz.
So sah es der Bub, so wurde es ihm gesagt ...

Max Kruse

1 Welche Dinge mussten die Bauern damals ihrem Burgherrn
bringen? → S. 78/79

2 Wie wird wohl ein Tag für ein Dorfkind in deinem Alter damals
ausgesehen haben?

3 Lies den letzten Abschnitt nochmal.
Wie denkst du über diese Arbeitsaufteilung?

Leben und arbeiten in den Städten

In den Städten gab es viele Handwerker, die alles herstellten, was die
Bewohner zum Leben brauchten.
Die Handwerksmeister schlossen sich in Zünften zusammen. Meistens
wohnten sie in der gleichen Straße, z.B. der Töpferstraße oder Webergasse.

1 Schreibe auf, zu welchen Handwerksberufen die alten Zunftwappen gehörten.

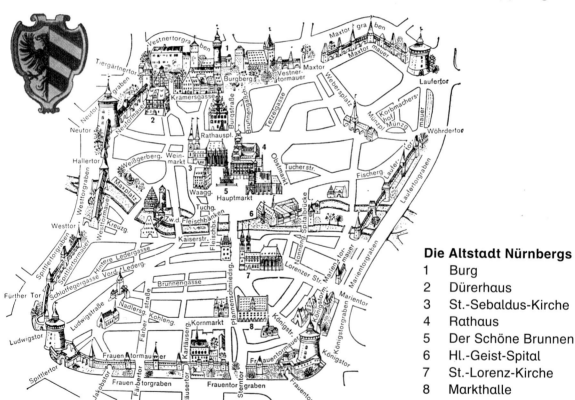

Die Altstadt Nürnbergs

1 Burg
2 Dürerhaus
3 St.-Sebaldus-Kirche
4 Rathaus
5 Der Schöne Brunnen
6 Hl.-Geist-Spital
7 St.-Lorenz-Kirche
8 Markthalle

Das ist ein Plan der Altstadt von Nürnberg.

2 Schau dir den Stadtplan an. Welche Straßennamen erzählen
von alter Zeit, von der Befestigung, vom Markt, von Handwerkern,
von alten Brunnen, von Kirchen oder Klöstern?

3 Schreibe zu jedem Stichwort drei Beispiele auf.

Walthers Bericht vom Markttag

Walther ist schon seit Tagen ganz aufgeregt. Er darf nämlich zum
ersten Mal mit seinem Vater in die Stadt. Da findet ein Markt statt,
wo der Vater Eier, Getreide und ein paar Hühner verkaufen will.
Nun stehen sie vor dem großen Stadttor. Bewaffnete Stadtknechte
5 fragen sie, woher sie kommen und was sie hier wollen.
Alle mitgeführten Waren werden genau überprüft.
Erst dann wird das schwere Tor geöffnet.
Endlich sind Walther und sein Vater in der Stadt drin.
Was für ein Gedränge herrscht in den engen Gassen!
10 Zwischen Kirche und Rathaus liegt der große Marktplatz.
Hier bieten die Bauern und Händler ihre Waren an. Was es da alles
zu kaufen gibt!
Walther kommt aus dem Staunen gar nicht mehr heraus. Am besten
aber gefallen ihm die Gaukler und Moritatensänger, die ebenfalls auf
15 dem Markt ein bisschen Geld verdienen wollen. Erst am späten Abend
kommen Walther und sein Vater wieder nach Hause ins Dorf zurück.

 1 Schreibe auf, was Walther seiner Mutter vom Besuch in der großen
Stadt erzählt. Schreibe in der Wir-Form. ➜ S. 86–92

2 Spielt die Szene vor dem Stadttor oder eine Szene auf dem Marktplatz.

Die ie-Burg

Dienstag | Kiesel
Biene | fließen | Ziel | Frieden | Zwiebel
Knie | Fliege | biegen | bieten | niemand | Bier
lieb | nieder | Krieg | Papier | riechen
schief | verlieren | schieben | Stiefel | Brief | genießen
kriegen | nie | **ie** | schwierig | fliegen
Lied | Riese | Schiene | Tier

 1 Suche dir fünf **ie**-Wörter aus und schreibe je einen Satz,
in den sie passen. → S. 123/124

Die riesige Burg liegt auf einem Berg. Auf den Wiesen grasen viele Stiere
und Ziegen. Vier Kinder spielen im Burghof. Die Burgherrin steht vor
dem Spiegel. Wie niedlich die neue Kette ist, die sie anhat!
Der Burgherr hat eine schwierige Aufgabe. Bevor er wieder in den Krieg
5 ziehen muss, soll er einen Dieb bestrafen. Dieser hat ziemlich viel Geld
gestohlen. So muss er ins Verlies. Das ist ein niedriger, schmieriger Raum
ganz tief unten im Turm. Hier kann man nicht stehen, nur kriechen.
Ein Diener bringt den Dieb die sieben Treppen hinunter und schließt
die Tür wieder zu. Hier ist es kalt und der Dieb friert. Auf dem Boden
10 liegt nur etwas Stroh. Ob er hier jemals wieder herauskommt?

 2 Schreibe den Text ab und unterstreiche die **ie**-Wörter. → S. 133/134

Silbentrennendes -h

Du machst mit deiner Klasse eine Stadtbesich-
tigung. Auch mehrere Eltern sind mitgekommen,
weil sie sich für die Geschichte der Stadt
interessieren. Ein älterer Mann, der hier zu Hause
ist, begleitet eure Gruppe und erklärt alles:

„Wir gehen jetzt durch das Haupttor in die Altstadt. Nun stehen wir vor
dem Haus, in dem früher eine kleine Mädchenschule war. Die lernten aber
vor allem nähen. Wir ziehen jetzt weiter zum Rathausplatz. Drehen Sie sich
mal um! Sehen Sie die Blumen, die überall vor den Fenstern blühen?
Hier setzen wir uns auf eine Bank und ruhen etwas aus."

*In diesem Text sind neun Wörter versteckt, die ein h haben, das man nicht
hören kann. Das h steht zwischen zwei Selbstlauten.
Beim Schreiben hilft es dir, wenn du es mitflüsterst.*

1 Suche die neun Wörter mit dem silbentrennenden -h. ➜ S. 135/136

2 Schreibe sie so auf: *gehen, ge-hen,*
stehen, ...
Flüstere dabei das h mit.

3 Schreibe eigene Sätze mit den Wörtern:
ziehen, drohen, fliehen, leihen, krähen, sprühen

riesig	schwierig	viel	der Dieb	frieren
gehen	stehen	früher	drehen	ziehen

Gegenwart und Vergangenheit

Heute helfen Ursula und ich der Mutter bei der schweren Gartenarbeit. Enten und Ziegen zu hüten macht uns sowieso keinen Spaß mehr, das ist etwas für die Kleinen. Und Heinrich füttert heute alleine das Vieh und mistet
5 den Stall aus.
Ursula und ich holen den großen Weidenkorb mit den Gartengeräten. Wir gehen vorbei an den vielen hohen und niedrigen Pflanzen im Wurzgarten, biegen am Wegekreuz links ab und laufen bis zum Gatter. Aus dem Korb packen wir eine große und eine kleine Hacke aus.
10 Wir können damit die Erde auflockern und Rillen für die Samen ziehen.

Gestern halfen Ursula und ich der Mutter bei der schweren Gartenarbeit. Enten und Ziegen zu hüten machte uns sowieso keinen Spaß mehr, das war etwas für die Kleinen. Und Heinrich fütterte heute alleine das Vieh und mistete den Stall aus.
15 Ursula und ich holten den großen Weidenkorb mit den Gartengeräten. Wir gingen vorbei an den vielen hohen und niedrigen Pflanzen im Wurzgarten, bogen am Wegekreuz links ab und liefen bis zum Gatter. Aus dem Korb packten wir eine große und eine kleine Hacke aus. Wir konnten damit die Erde auflockern und Rillen für die Samen ziehen.

1 Der erste Text ist in der Gegenwartsform geschrieben, der zweite in der Vergangenheitsform. An welchen Wörtern außer „heute" und „gestern" kannst du das erkennen? Zu welcher Wortart gehören diese Wörter?

2 Sortiere diese Wörter in Paaren: ➔ S. 101–103

Gegenwart	Vergangenheit
helfen	*halfen*
...	...

3 Schreibe in ein paar Sätzen auf, was du gestern gemacht hast. Benutze dabei die Vergangenheitsform.

Vergangenheit

Martin kommt ganz aufgeregt von der Schule nach Hause.
Er muss unbedingt seiner Mutter erzählen, was sie heute in der Klasse
gemacht haben.

„Wir **haben** eine ganz tolle Burg aus alten Schachteln und Kartons **gebaut**.
Zuerst **haben** wir einen dicken Karton **genommen**. Darauf **haben** wir große
und kleine Schachteln **gestellt**. Wir **haben** solange **probiert**, bis alles wie
eine richtige Burg **ausgesehen hat**.
Dann **haben** wir alles **festgeklebt**.
Zum Schluss **haben** wir die ganze Burg noch mit Farben **angemalt**.
Wir **sind** gerade noch **fertig geworden**.“

> Wenn wir etwas mündlich erzählen, nehmen wir meistens eine
> andere Vergangenheitsform.

1 Erzähle, was du im letzten Sommer gemacht hast.
 Erzähle so: *Ich habe letzten Sommer ...*
   Ich bin letzten Sommer ... ➜ S. 101/104

 laufen, helfen, spielen, rufen, schreiben, rennen, trinken, gehen

2 Setze diese Tunwörter (Verben) in die Vergangenheitsform mit
 haben/sein. Schreibe in der Wir-Form.
 Schreibe so: *laufen, wir sind gelaufen*
   helfen, wir haben geholfen

Alte Rezepte

Das Essenkochen war im Mittelalter und
auch noch lange danach eine mühselige
Arbeit. In der Feuerstelle wurde die Glut so
um die Töpfe aus Ton verteilt, dass die Hitze
5 überall hinkam. Damit nichts anbrannte,
musste ständig umgerührt werden.
Meist gab es einen Brei aus Getreide oder
eine Gemüsesuppe. Fleisch gab es höchstens an Festtagen.
Alles, was man essen wollte, musste eben erst mal selbst angebaut und
10 hergestellt werden!
Gegessen wurde aus einem einzigen Topf, der auf dem Tisch stand.
Nacheinander tauchte jeder den Löffel hinein, bis der Topf leer war.

Hier ist ein altes Rezept. Es ist in dem Deutsch geschrieben, das damals
gesprochen wurde. Die Rechtschreibung war ebenfalls noch ganz anders!

nůzzemůs

Wilt du machen ein nůzzemůs, so nimm
nůzze kern, und stoz sie cleine, und slahe sie
durch ein tůch mit einer sůzzen zamen milich
(süße Dickmilch). und mit einer brosmen
semeln brotes. wol gesoten in eyme hafen
(Topf). und gib smaltz genuc daran. und
mit eyer totern wol abe gerůrt. und wol
geverwet (gefärbt) mit saffran.

1 Hast du das verstanden? Versuche, es laut zu lesen.

2 Schreibe die Zutaten in der alten Sprache, übersetze daneben.

3 Versuche, das ganze Rezept zu übersetzen.

4 Kocht das Rezept nach.

Im Mittelalter wurden schon viele veredelte Obstsorten angebaut: Äpfel, Birnen, Aprikosen, Pflaumen. Von frischem Obst hielten die Menschen in der Regel nichts, die Bedeutung von Vitaminen war unbekannt. Äpfel und Pflaumen wurden gekocht oder gedörrt verzehrt.

Obst trocknen

Zutaten: Äpfel, Faden

Zubereitung: Das Kerngehäuse der Äpfel entfernen. Äpfel in 1 cm dicke Scheiben schneiden, auf einen Faden auffädeln und zum Trocknen aufhängen. Auch Pilzscheiben werden so konserviert.

Ein anderes leckeres Rezept:

Arme Ritter

Zutaten: Brotscheiben, Milch, Eier, Fett, Zucker und Zimt

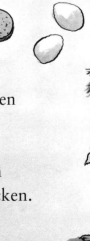

Zubereitung: Brotscheiben werden dick geschnitten und in einer flachen Form mit Milch übergossen. Für vier Brotscheiben wird 1/2 l Milch benötigt. In drei verquirlten Eiern werden die Brotscheiben gewendet und in heißem Fett in der Pfanne gebacken. Arme Ritter werden warm gegessen und können mit Zucker und Zimt bestreut werden.

1 Suche dir ein Rezept heraus und versuche, es zu Hause nachzumachen.

2 Berichte in der Klasse über deinen Versuch. Ist alles gelungen?

3 Schreibt die Rezepte in ein eigenes Heft.
Legt so ein Klassen-Rezeptebuch an. → S. 93

Das Wasser

Vom Himmel fällt der Regen
und macht die Erde nass,
die Steine auf den Wegen,
die Blumen und das Gras.

Die Sonne macht die Runde
in altgewohntem Lauf
und saugt mit ihrem Munde
das Wasser wieder auf!

Das Wasser steigt zu Himmel
und wallt dort hin und her.
Da gibt es ein Gewimmel
von Wolken, grau und schwer.

Die Wolken werden nasser
und brechen auseinand',
und wieder fällt das Wasser
als Regen auf das Land.

Der Regen fällt ins Freie,
und wieder saugt das Licht,
die Wolke wächst aufs Neue,
bis dass sie wieder bricht.

So geht des Wassers Weise:
Es fällt, es steigt, es sinkt
in ewig-gleichem Kreise,
und alles, alles trinkt!

James Krüss

1 Lies leise.

2 Wann machst du am Ende der Zeile eine Pause, wann nicht? ➜ S. 82

3 Lest laut.

Das Feuer

Hörst du, wie die Flammen flüstern,
knicken, knacken, krachen, knistern,
wie das Feuer rauscht und saust,
brodelt, brutzelt, brennt und braust?

Siehst du, wie die Flammen lecken,
züngeln und die Zunge blecken,
wie das Feuer tanzt und zuckt,
trockne Hölzer schlingt und schluckt?

Riechst du, wie die Flammen rauchen,
brenzlig, brutzlig, brandig schmauchen,
wie das Feuer, rot und schwarz,
duftet, schmeckt nach Pech und Harz?

Fühlst du, wie die Flammen schwärmen,
Glut aushauchen, wohlig wärmen,
wie das Feuer, flackrig-wild,
dich in warme Wellen hüllt?

Hörst du, wie es leiser knackt?
Siehst du, wie es matter flackt?
Riechst du, wie der Rauch verzieht?
Fühlst du, wie die Wärme flieht?

Kleiner wird der Feuersbraus:
Ein letztes Knistern,
ein feines Flüstern,
ein schwaches Züngeln,
ein dünnes Ringeln –
aus.

James Krüss

1 Lest wie bei dem Gedicht auf S. 164.

Naturgewalt Wasser

Karlsruhe. Eine neue Flutwelle auf dem Oberrhein hat am Mittwoch die Helfer im Kampf gegen das Hochwasser überrascht. Ursache der neuen Hochwasserwelle war
5 nach Angaben der Meterologen kräftiger Regen in der Nordschweiz und im Schwarzwald.

Das Rheinhochwasser in Nordrhein-Westfalen ist vorerst gestoppt. An allen Pegeln
10 zwischen Bonn und Emmerich gingen die Wasserstände zurück oder stagnierten. In den Morgenstunden hatte der Scheitelpunkt der Hochwasserwelle Emmerich erreicht.
15 In den Hochwassergebieten setzte die Bundeswehr seit vergangener Woche 5000 Soldaten, das Technische Hilfswerk 9000 Helfer ein.

(Aachener Nachrichten, 5. 11. 1998)

Duisburg/Essen. Am Rhein wird zum Wochenende wieder eine Hochwasserwelle erwartet. In Köln soll der Pegel zwischen Freitag und Samstag
5 mit mehr als sieben Metern einen neuen Höchststand erreichen. Nach einem Niedrigstand von 6,10 Meter würden die Fluten erneut ansteigen, die Schifffahrt in der Domstadt könnte
10 schon am Abend wieder eingeschränkt werden.

Für Freitag kündigte das Essener Wetteramt ein neues Regengebiet für Nordrhein-Westfalen an.   (lnw)
15
(Aachener Nachrichten, 11. 3. 1999)

 1 Beantworte folgende Fragen:

Wo war das Hochwasser? Welche Ursache hatte das Hochwasser?

Wie viele Helfer kämpften gegen das Hochwasser? → S. 78/79

2 Finde weitere Fragen und stelle sie deinem Nachbarn
oder deiner Nachbarin.

3 Wo findest du solche Texte?

4 Warum wurden diese Texte geschrieben?

Naturgewalt ...

Das Buch „Edward" erzählt die Geschichte einer Steinzeitfamilie. Edward ist ein Forscher. Er möchte die Natur zum Nutzen der Menschen einsetzen. Onkel Wanja ist bei jeder neuen Erfindung misstrauisch.

Roy Lewis ist Engländer. Er wurde 1913 geboren. Für berühmte Zeitungen hat Lewis als Journalist geschrieben. Heute lebt er in London.

„Ich habe es vor ein paar Monaten entdeckt. Weißt du, Wanja, es ist ein faszinierendes Ding. Es eröffnet ungeahnte Möglichkeiten. Ich will damit sagen, man kann eine Unmenge damit

5 anfangen. Weit mehr als bloß die Höhle zentral beheizen, was im übrigen an sich schon ein großer Schritt vorwärts ist. Ich habe erst damit angefangen, verschiedene Anwendungsmöglichkeiten zu studieren. Nimm den Rauch zum Beispiel: Ob du es glaubst oder nicht, er erstickt Fliegen und hält die Mücken fern. Natürlich ist es ein brenzliges

10 Ding. Es lässt sich schwer transportieren. Es ist unersättlich, frisst wie ein Bär. Es kann frech werden und schmerzhaft zuschnappen, wenn man nicht aufpasst. Vor allem aber, es ist absolut neu! Es eröffnet ungeahnte Perspektiven in ..."

Ein Aufschrei unterbrach seine Ausführungen. Onkel Wanja hüpfte

15 verzweifelt auf einem Fuß herum. Er war, ohne es zu merken, auf ein rotglühendes Stück Holz getreten. Jetzt hatte die Glut seine Hornhaut durchgenagt und ihm in die nackte Ferse gebissen. „Auaaa!" brüllte Onkel Wanja. „Verdammt, Edward! Es hat mich gebissen!"

1 Wovon sprechen Edward und Onkel Wanja?

2 Woran kannst du das erkennen? ➔ S. 78/79

3 Was kann **es** noch?

4 Wo findest du solche Texte?

5 Warum wurde dieser Text geschrieben?

Meine Wassergeschichte

1 Schau dir die Fotos genau an. Auf allen wird Wasser gebraucht.
Doch jedes zeigt eine andere Situation. Erzähle.

 2 Was wäre, wenn das Wasser auf den Bildern fehlte?
Schreibe eine „Was wäre wenn"-Geschichte. ➜ S. 87, 92

Mein Feuerakrostichon

Rauch
Licht
Hitze
Holz
Wärme
Funken
Glut
Grill

Feuer ist nützlich. Flammen
Eisige Kälte verschwindet. lodern
Unheimliche Dunkelheit wird erhellt. auf
Essen kann man über einem Feuer zubereiten. mit
Rauch konserviert Fleisch. mächtiger
Energie.

1 Wähle ein Wort aus den Flammen oder denke dir selber ein Wort zu „Feuer" aus. Schreibe mit diesem Wort auch so ein Akrostichon.

Bei einem Akrostichon ergeben die Anfangsbuchstaben jeder Zeile hintereinander gelesen ein Wort.

Das Kerzenkarussell

1 Wenn du kannst, bringe ein solches Kerzenkarussell mit.

2 Was passiert, wenn du die Kerzen anzündest? Beschreibe.

 3 Was wird passieren, wenn du nach und nach die Kerzen ausbläst?
Schreibe deine Vermutung in eine Tabelle. → S. 94/95

	Was macht das Karussell?				
Alle Kerzen brennen	?	?	?	?	?
1 Kerze weniger	?	?	?	?	?
2 Kerzen weniger	?	?	?	?	?
Alle Kerzen aus	?	?	?	?	?

4 Blase eine Kerze nach der anderen aus. Was passiert?
Stimmt deine Vermutung?

Das Ei im Wasserglas

1 Was brauchst du für den Versuch?
Schreibe es auf und bringe die Sachen mit. ➜ S. 94

2 Führt den Versuch durch. Schreibt dabei ein Protokoll. ➜ S. 95

Wortfeld fließen

plätschern gurgeln rauschen

tosen schäumen donnern wallen

wirbeln strudeln strömen stürzen

rinnen quellen tröpfeln laufen

fluten branden tropfen rieseln

spritzen zischen sprudeln treiben

Die Wellen 🌢 auf den Strand.
Der Bach 🌢 aus der Quelle.
Der Strom 🌢 durch das Land.
Die Regenmassen 🌢 über die Straßen.
Das Wasser 🌢 aus dem Wasserhahn.

1 Lies die Sätze. Setze dabei passende Wörter ein.
Es gibt manchmal mehrere Möglichkeiten.

2 Suche einen Satz aus. Schreibe ihn mit den verschiedenen
Möglichkeiten auf.

schmecken	backen	kleckern	packen	die Jacke
spritzen	sitzen	erhitzen	der Blitz	der Witz

Wörter mit tz

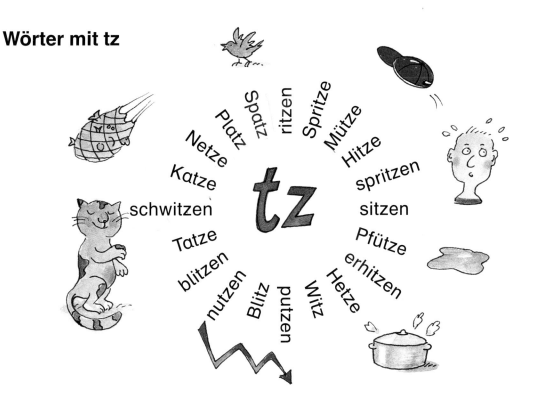

Spatz · ritzen · Spritze · Mütze · Hitze · spritzen · sitzen · Pfütze · erhitzen · Hetze · Witz · putzen · Blitz · nutzen · blitzen · Tatze · schwitzen · Katze · Netze · Platz

tz

1 Bilde Reimpaare und schreibe sie so auf:

ritzen – spritzen

Wörter mit ck

Mit Feuer backt der Bäcker Wecken, die allen Kindern köstlich schmecken.

Geht die Brücke in zwei Stücke, hat sie eine große Lücke.

Wenn Kleine auf die Jacken kleckern, fangen Große an zu meckern.

Am Waschtag guckt ein Knilch mit Locken, ob seine Socken sind schon trocken.

Ein Dackel gierig schleckt und leckt, was unter diesem Deckel steckt.

2 Suche aus den sechs Sätzen die ck-Wörter und schreibe sie ab.

3 Suche aus dem Gedicht „Das Feuer" auf S. 165 alle Wörter mit ck.
Schreibe sie ab. ➜ S. 127/128

Interview vorbereiten

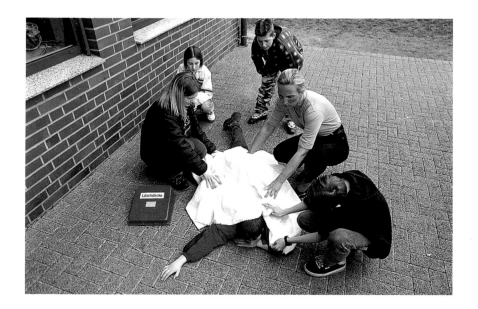

> Lieber Herr (Liebe Frau),
> wir sind die Klasse 3c.
> Haben Sie Zeit uns zu
> erklären, wie man sich
> bei Feuer verhält? Wir
> freuen uns, wenn Sie ...

1 Kennt ihr die Gegenstände, die auf den Fotos abgebildet sind?

2 Wie könnt ihr einen Brand verhindern? Sprecht darüber.

3 Ladet einen Feuerwehrmann, eine Feuerwehrfrau ein.

4 Warum schreibt man das Wort **Sie** in dem Einladungsbrief groß?

5 Schreibt den Einladungsbrief weiter. Schreibt die Anredepronomen groß.

 6 Sammelt alle Fragen, die ihr stellen wollt.
Schreibt sie auf einzelne Karten. ➔ S. 76

Interview vorbereiten

Haben Sie auch schon mal Angst gehabt bei einem Einsatz?

Wie lange sind Sie schon dabei?

Wie viele Einsätze haben Sie in der Woche?

War es schon immer Ihr Traumberuf Feuerwehrmann zu werden?

Wie lang ist die längste Leiter?

Sind Sie müde, wenn Sie mitten in der Nacht zum Einsatz müssen?

Wie viel wiegt die gesamte Schutzkleidung?

Wer ist der älteste Feuerwehrmann bei Ihnen?

Wie viele sind Sie in der ganzen Mannschaft?

Wie lange hat Ihre Ausbildung gedauert?

1 Bei welchen Fragen erhaltet ihr zur Antwort nur „Ja" oder „Nein"? → S. 76

2 Entscheidet euch, welche der Fragen ihr im Interview stellen wollt.
Bringt die Fragen in eine Reihenfolge.

3 Übt das Fragenstellen. Wechselt euch dabei ab.
Plant, wer welche Frage stellen soll. → S. 77

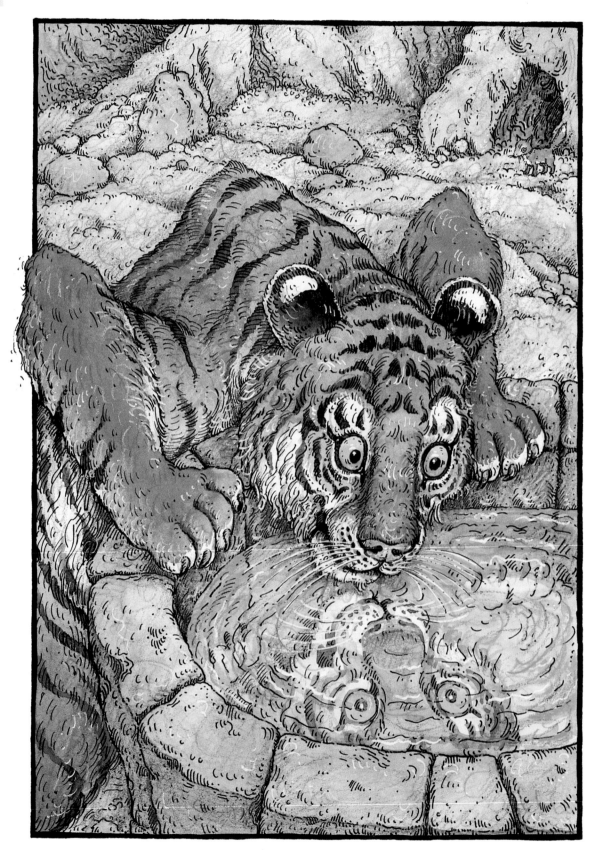

Der Brunnentiger

Der Tiger hatte den Fuchs in seine Dienste genommen. Von der Beute
gab er ihm aber sehr wenig ab. Hatte der Tiger ein Tier erlegt,
musste der Fuchs die Fleischstücke zum Brunnen bringen und sauber
waschen. Von den besten Stücken bekam er nichts.

5 Eines Tages verzehrte der Fuchs ein Fleischstück am Brunnen und kam
mit einem erbärmlichen Rest zum Tiger. Der brüllte ihn an: „Ich habe dir
eine ganze Keule mitgegeben – wo ist sie?" „Die hat der Brunnentiger
gefressen", sagte der Fuchs, „und der will nun jedes Mal den größten
Teil der Beute!" „Was für ein Tiger soll das denn sein?", schrie der Tiger.

10 „Er sieht aus wie du", sagte der Fuchs. „Nur haust er im Brunnen –
wie du in deiner Höhle." Wütend rannte der Tiger zum Brunnen und sah
hinein. Und wirklich – ein wütender Tiger blickte ihm entgegen. Der Tiger
brüllte und sprang auf den Tiger im Brunnen los. Aus war's mit beiden.

Hans Baumann, Monika Laimgruber

1 Lest die Fabel still.

2 Lest mit verteilten Rollen.

3 Was für einen Trick hat sich der Fuchs ausgedacht?

4 Wie verhält sich der Fuchs? Sammelt Wiewörter (Adjektive).

5 Wie verhält sich der Tiger? Sammelt Wiewörter (Adjektive).

Der Fuchs, der Hund und der Hahn

Der Hund und der Hahn waren miteinander auf der Reise. Jeden Abend
suchte sich der Hahn einen Baum als Schlafplatz, und der Hund kroch
zwischen die Wurzeln des Baumes. So hatten sie schon einige Nächte
gut geschlafen, als einmal der Fuchs in die Nähe kam. Er witterte den Braten
5 auf dem Baum und überlegte, wie er den herunterholen könnte. Er verbarg
sich nahe bei dem Eichenbaum, verstellte seine Stimme und rief klagend
hinauf: „Ach, ich bin ein armer Wandersmann und habe den Weg verloren!
Könnt ihr mir nicht sagen, hoher Herr, wie ich aus diesem Wald
herausfinde?"
10 Der Hahn rührte sich zuerst nicht. Als aber der Fuchs seine Bitte
wiederholte, beugte er sich vor und sah ein Stückchen rotes Fuchsfell.
„Oho", sagte der Hahn zu sich, „dir werde ich eine Lehre erteilen."
„Guter Freund", krähte er leise hinunter, „den Weg kann ich Ihnen
leider nicht sagen, aber vielleicht wecken Sie den Türhüter dieser
15 Herberge."
Der Fuchs glaubte, dass noch ein zweiter Hahn in der Ecke sei.
Er sprang um den Baum herum und rief: „Türhüter, Türhüter!"
Sein Geschrei weckte den Hund, der sich sogleich streckte und
aufrichtete. Wütend bellte er seinen alten Feind an. Als der Fuchs
20 diesen Türhüter sah, verging ihm die Lust auf einen guten
Hahnenbraten. Er musste laufen, so schnell er konnte.
Nur mit Mühe rettete er seine Haut.

Heinz Scholz

1 Beschreibt das Verhalten des Hahnes und des Hundes.

2 Der Fuchs wird in vielen Geschichten als ein kluges Tier
dargestellt, wie ist es hier?

3 Auch der Kluge begegnet manchmal einem noch Klügeren,
der ihn hereinlegt. Kennt ihr Beispiele dafür?

Die Grille und die Ameise

Die Grille trällerte und sang
den ganzen lieben Sommer lang
und fand sich plötzlich sehr beklommen,
als der Nordwind war gekommen:
5 Im Haus war nicht ein Bröselein
Regenwurm und Fliegenbein.
Hunger schreiend lief sie hin
zur Ameis, ihrer Nachbarin,
mit der Bitte ihr zu geben
10 etwas Korn zum Weiterleben
nur bis nächstes Jahr:
„Ich werd Euch zahlen", sprach sie gar,
„noch vor Verfall – mein Grillenwort,
Hauptstock, Zinsen und so fort."
15 Die Ameis aber leiht nicht gern;
sie krankt ein wenig an Knausrigkeit:
„Was treibt ihr denn zur Sommerzeit?",
fragte sie die Borgerin von fern.
„Da war ich Tag und Nacht besetzt,
20 ich sang und hatte viel Applaus."
„Gesungen habt Ihr? Ei, der Daus,
wohlan, so tanzet jetzt."

nach Jean de La Fontaine

1 Warum gerät die Grille in Not?

2 Was hältst du von dem Rat der Ameise?

3 Warum will die Ameise der Grille nichts abgeben?

Die eigensinnigen Ziegen

1 Notiere dir für jedes Bild ein Stichwort oder einen kurzen Satz.

2 Erzähle die Fabel Schritt für Schritt. ➔ S. 74

Meine Autofahrer-Fabel

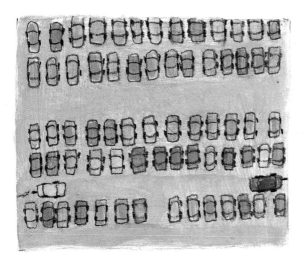

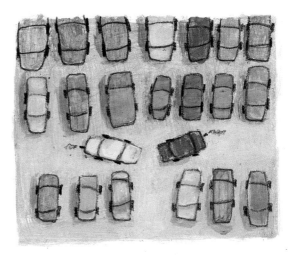

1 Erzähle die Fabel.

2 Vergleiche die Fabel von den beiden Ziegen und den beiden Autofahrern.

3 Schreibe die Fabel von den beiden Ziegen oder den beiden Autofahrern auf.

Au – äu, a – ä

Die Wölfe und die Lämmer

In offenen <u>Ställen</u> wohnte auf einer großen Wiese, umgeben von vielen <u>Bäumen</u>, eine Herde Schafe mit ihren <u>Lämmern</u>. Ihnen fehlte es an nichts, <u>wären</u> da nicht zwei böse Wölfe, die sich regelmäßig ein <u>Lämmchen</u> holten, um sich damit ihre <u>Bäuche</u> vollzuschlagen.

5 Eines Tages sprach ein Schaf: „So kann das nicht mehr weitergehen. Wir haben große <u>Ängste</u>. Wir müssen etwas gegen die Wölfe unternehmen." Die kleinen Lämmchen nahmen ihre <u>Mäuler</u> voll und prahlten damit, was sie machen könnten. Schließlich <u>lächelte</u> ein Schaf und sprach: „Wir sollten die <u>Zäune</u> der Weide mit einer Alarmanlage versehen.

10 Dann werden wir gewarnt, wenn die Wölfe kommen." Die anderen Lämmer fanden den Einfall toll. „Aber wer traut sich, den Stall zu verlassen und die Alarmanlage an den Zäunen anzubringen?", fragte ein Lämmchen. „Ich nicht, ich nicht!" rief ein Lämmchen nach dem anderen <u>ängstlich</u>. Und so blieben die Wölfe der Schrecken der Schafe.

1 Lies die Fabel.

2 Suche zu den unterstrichenen Wörtern verwandte Wörter.
Schreibe so: *Ställe – Stall* ➜ S. 137

Wortfamilien

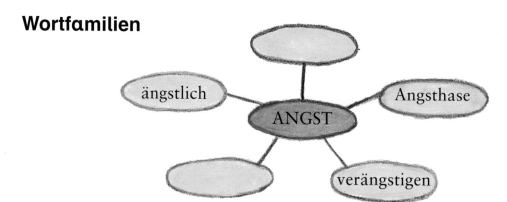

3 Vervollständige das Cluster zu der Wortfamilie „ANGST" in deinem Heft.

4 Fertige auch zu den Wörtern „LACHEN" und „BAUM" ein Cluster für eine Wortfamilie in deinem Heft an.

Gegenwart – Vergangenheit

Die Hasen und die Frösche

Die Hasen waren traurig und jammerten, da sie ständig Angst um ihr
Leben hatten. Viele stellten ihnen nach: der Jäger mit seinen Hunden,
Habichte, Bussarde und Füchse. Sie sahen keinen Sinn mehr in ihrem
Leben und machten sich auf den Weg zum nahe gelegenen Teich.
5 Dort wollten sie sich ertränken. Am Teichrand aber saßen viele
Frösche. Als die Hasen angestürmt kamen, sprangen die Frösche
schnell ins Wasser. Das sahen die Hasen und stutzten.
Daraufhin sprach ein alter Hase: „Halt, Freunde! Andere taten
eben, was wir machen wollten. Es gibt also welche, denen es noch
10 schlechter geht als uns. Lasst uns am Leben bleiben."   *nach Äsop*

1 Schreibe die Fabel so auf, dass sie gespielt werden kann.
Schreibt dazu in der Gegenwart:
Die Hasen sind traurig und jammern …

 2 Unterstreiche die Tunwörter (Verben), die sich geändert haben.
→ S. 101–104

3 Wenn ihr die Fabel spielen wollt, müsst ihr viele Sätze so verändern,
dass sie von den Hasen gesprochen werden.

4 Bestimmt einen Erzähler.

der Baum	die Bäume	der Zaun	die Zäune	lachen	lächeln
	sind – waren		haben – hatten		

Der große und der kleine Fisch

nach einer Fabel von Aesop
Text und Musik: Klaus W. Hoffmann

Es war einmal ein riesiger Hai, der
glaubte, dass er der Größte sei. Er
sagte, man fürchte ihn weit und breit und
prahlte mit seiner Gefährlichkeit.

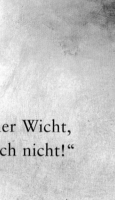

5 Ein kleiner Fisch hat lauthals gelacht
und sich so seinen Teil gedacht.
Da sprach der Hai: „Was willst du kleiner Wicht,
ich fress dich, und wehren kannst du dich nicht!"

Der kleine Fisch hörte ruhig zu
10 und fragte den Hai: „Was machst denn du,
wenn du zappelnd in einem Fischernetz hängst
und dich immer mehr in den Maschen verfängst?"

Da hörte man den großen Fisch schrein:
„Ich bin kräftig und kann mich befrein!"
15 Und ehe der kleine ihm Antwort gab,
ließen Fischer ein Netz in das Meer hinab.

Durch die Maschen ist der kleine Fisch entwischt,
doch der Hai wurd' aus dem Wasser gefischt.
Moral: Manchmal kann es besser sein,
20 man macht sich oder ist gar klein!

Der große und der kleine Fisch

 1 Macht euch Notizen, was ihr für das Fabelspiel auf dem
Tageslichtprojektor braucht. ➜ S. 94

2 Singt die Fabel zum Spiel. Überlegt, wie ihr euch in Sänger
und Spieler aufteilt.

3 Was müssen die Spieler auf dem Projektor tun?

4 Spielt die Fabel vom großen und dem kleinen Fisch mit dem Projektor.

Räder

Das ist ein Veloziped.

1 Vergleiche das Mountainbike mit dem Veloziped und die Inliner mit den alten Rollschuhen. Was hat sich verändert? Begründe.

2 Wie könnte ein Weltraumfahrrad aussehen? Male.

Frühlingsrallye

Wenn es etwas wärmer wird und die Sonne
scheint, dann macht es Spaß eine Rallye zu
machen. Du brauchst dazu ein paar Freunde
und deine Inliner.

5 Zuerst sucht ihr euch einen geeigneten Platz
für eure Frühlingsrallye. Auf keinen Fall darf
dort Verkehr sein. Vielleicht könnt ihr euren
Schulhof benutzen?

Beginnt mit nur wenigen Stationen. Wenn ihr sicherer seid, könnt ihr mehr

10 Stationen einplanen und sogar eine Rallye-Meisterschaft veranstalten.
Fahrt niemals ohne Schutzpolster und Helm. Knie, Ellbogen, Hände
und Kopf sind bei Stürzen besonders gefährdet. Übt das Bremsen.
Die einfachste Bremstechnik ist der Fersenstopp mit dem Gummistopper.
Hier sind Vorschläge für eine Rallye.

Fersenstopp

Slalom

Ihr braucht dazu 8 bis 10 Joghurtbecher. Stellt
sie in ausreichendem Abstand voneinander auf.
Nun müsst ihr die Strecke fahren, ohne die
Becher zu berühren. Schwerer wird es, wenn

5 ihr ein Ei auf einem Löffel dabei balanciert.

1 Wie könnte ein Parcours für eine Fahrradrallye aussehen?
Schreibe auf.

2 Überlegt, wie die Kinder mitspielen können,
die keine eigenen Inliner haben.

Der Frühling schmeckt gar wunderbar ...

Frühlingskugeln

Du brauchst: 250 g Magerquark, 50 g Butter, 2 Esslöffel Sahne,
2 Teelöffel Kräutersalz, Petersilie, Schnittlauch, Kresse,
Gänseblümchen

1. Den Quark mit der Butter und der Sahne verkneten.
   Mit Kräutersalz abschmecken.

2. Die Kräuter waschen, abschmecken und kleinschneiden.

3. Den Quark zu kleinen Kugeln formen und in den verschiedenen
   Kräutern wälzen. Mit Gänseblümchen bestecken. Guten Appetit!

1 Ihr könnt das Rezept in ein eigenes Rezeptbuch schreiben.

Frühlingsrolle

Aus China kommen die Frühlingsrollen.
Das sind kleine Teigrollen, die mit Gemüse gefüllt
werden. In China werden sie mit Stäbchen gegessen.
Dazu dürfen die Bissen aber nicht zu groß sein.
Die Stäbchen werden zwischen Daumen und
Zeigefinger gehalten. Das untere Stäbchen liegt auf
dem Ringfinger, das obere wird mit dem Daumen
und dem Zeigefinger auf- und abgeschoben.

„Ching to chia tsang!" Das ist chinesisch und heißt
„Bitte, essen Sie soviel Sie können!" Bei uns sagen wir
„Guten Appetit!"

2 Besorge dir Holzstäbchen. Versuche die
Frühlingskugeln mit den Stäbchen zu essen.

3 Verziere die Stäbchen mit Frühlingsfarben.

Frühlingsanfang

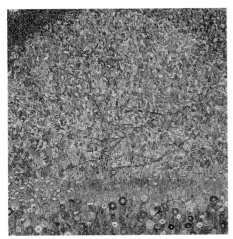

Gustav Klimt

Die gelbe Sonne küsste
den blauen Himmel im Traum.
Da ergrünten Gräser und Blumen
und Baum um Baum.

Wer hat das Gelb und Blau,
das Grüne so schön gemacht?
Der Frühling träumte die Farben,
mischte sie über Nacht.

Alfons Schweiggert

Frühlingslied

Die Luft ist blau, das Tal ist grün,
die kleinen Maienglocken blühn,
und Schlüsselblumen drunter;
der Wiesengrund ist schon so bunt
und malt sich täglich bunter.

Drum komme, wem der Mai gefällt,
und freue sich der schönen Welt
und Gottes Vatergüte,
die solche Pracht hervorgebracht,
den Baum und seine Blüte.

Ludwig Hölty

Knospen
grün
blühen

Sonne
mild
heiter

Vögel
Nester
zwitschern

Osterhasen
hüpfen
springen

Wolken
Schäfchen
leuchten

1 Suche dir sechs Wörter aus und schreibe selbst einen Frühlingstext
mit sechs Zeilen.

Viel Spaß am Strand

Leben
am
Strand
früher

Leben
am
Strand
heute

1 Auf den Bildern siehst du, wie es früher und heute beim Baden zuging. Vergleiche.

2 Was spielst du beim Baden?

3 Versuche, ein ähnliches Bild wie oben zu malen, auf dem du mit deinen Freunden zu sehen bist.

Das Schwimmabzeichen

Sabine bereitet sich gerade auf ihre Schwimmprüfung für das Bronze-
abzeichen vor. Die praktischen Prüfungen hat sie alle bestanden.
Nun muss sie die Baderegeln auswendig lernen. Die Baderegeln hat
Sabine in ihrer Schule bekommen. Sabine lernt die Baderegeln mit
Trainingskarten.

1 Lege selbst Trainingskarten für das Schwimmabzeichen an.

2 Übe mit den Trainingskarten ähnlich wie mit der Lernwörterkartei:
  • Sieh dir das Bild an und lies die Regel auf der Rückseite.
  • Stecke alle Karten mit der Bildseite in das erste Fach der
    Lernwörterkartei.
  • Ziehe eine Karte heraus. Sieh das Bild an und nenne die Regel.
    Stecke die Karte in das Fach zwei, wenn du die Regel kannst.
    Wenn du einen Fehler gemacht hast, stecke die Karte zurück in
    das erste Fach.

So schmeckt der Sommer

Erdbeereis

Das brauchst du für 2 Portionen:
100 ml Schlagsahne (1/2 Becher), 2 Esslöffel Zucker,
10 große Erdbeeren, Mixer

1. Stelle die Erdbeeren für 2 Stunden ins Gefrierfach.

2. Zerkleinere die gefrorenen Erdbeeren im Mixer.

3. Gib die Sahne und den Zucker zu der Erdbeermasse.

4. Serviere das Eis in schönen Bechern und vielleicht mit einer Waffel oben drauf.

Was essen die Kinder dieser Welt?

In Deutschland schmeckt ihnen

Kartoffelsalat mit Würstchen

Eierkuchen

Kotelett und Rotkohl

Rote Grütze

Erdbeeren mit Schlagsahne

Eis am Stiel

und in Italien?

Spagetti

Pizza

Tintenfisch

Gemischter Salat

Wassermelonen

Gelato

1 Weißt du, was die Kinder in Frankreich, Spanien, Griechenland oder der Türkei gerne essen? Frage auch Erwachsene oder lies nach.

2 Erkläre einige Speisen.

Sommerkinder

Melodie und Text: R. Zuckowski

Som-mer-kin - der wol-len je - den Tag— zum Ba-den geh'n

und von früh bis spät — nur die Son - ne seh'n. —

Som-mer-kin - der wol-len spie - len ir-gend - wo am Strand

und ein gro - ßes Eis— in ih - rer Hand. 1. Sie träu-men

von ei - ner Du - sche un-term Gar - ten - schlauch

und Hu - la Hopp mit ih-rem braun ge - brann-ten Bauch.

2. Sie träumen von alten Freunden, die sich wiederseh'n,
   und Sommerferien, die nie zu Ende geh'n.

1 Sommerkinder träumen aber nicht nur.
Was tun Sommerkinder noch?

2 Suche Wörter, die sich reimen, dann kannst du neue Strophen erfinden:
Indianerspiel – erster im Ziel,
Eisenbahn – Ruderkahn

Herbst

Wenn sich das Laub im Herbst bunt färbt und die Sonne noch wärmende Kraft hat, dann macht es Spaß, sich in der Natur aufzuhalten. Das Kind hat sich ein lustiges Spiel ausgedacht, es spielt „Kastanienbasketball". *Basket* ist übrigens englisch und heißt übersetzt *Korb*.

Auf dem Foto siehst du Bauern bei der Kartoffelernte. Früher mussten die Kartoffeln mit der Hand aufgelesen werden, das war eine mühsame und schwere Arbeit. Oft mussten auch die Kinder helfen und hatten keine Zeit zum Spielen.

1 Woran mussten und müssen Bauern im Herbst vor allem denken? Warum?

2 Wie werden Kartoffeln heute geerntet? Wen kannst du interviewen? Führe ein Interview zum Thema „Ernte – früher und heute".

Herbstspiele

Im Herbst lässt sich ein Spielefest besonderer Art gut organisieren.

Zapfenweitwurf

Jeder bekommt fünf Zapfen. Wer wirft seinen Zapfen am weitesten?

Baumstammbalancieren

Die Aufgabe lautet, über einen umgestürzten oder gefällten Baumstamm zu balancieren und dabei einen Zapfen oder eine Kastanie auf einem Esslöffel zu befördern. Jeder Fehltritt oder Absturz verringert die Pluspunkte. Noch schwieriger wird es, wenn ihr nach der Stoppuhr balanciert.

Laubhaufenhochsprung

Dazu braucht ihr einen riesengroßen Laubhaufen. Von einem markierten Absprung muss die Mitte des Laubhaufens erreicht werden. Von drei Zonen aus kann sich jeder die Zone aussuchen, die er sich zutraut. Sonst gibt es Punktabzüge.

1. Schreibt die Spielregeln für Kastanienbasketball auf.
   Denkt euch noch mehr Spiele aus. Schreibt sie auf ein Plakat.

2. Plant ein Herbst-Spiele-Fest und führt es durch.

Kartoffel – eine tolle Knolle

Bereits vor 2000 Jahren pflanzten die Inkas in den Anden Kartoffeln an. Nach Europa sind sie erst im 16. Jahrhundert mit den Seefahrern gekommen. Heute essen die Kinder sie am liebsten als Pommes frites.

Kartoffeln auf südamerikanische Art

1 kg vorwiegend fest kochende Kartoffeln
Salz
etwas Fett für die Form
500 g Sahnequark
5–6 Esslöffel Milch
2 Eier
2 Esslöffel Paprika
etwas schwarzen Pfeffer
Zitronensaft
1 kleine Dose Mais

1. Koche die Kartoffeln mit Schale in Salzwasser 25 Minuten. Dann pelle sie ab.

2. Fette eine Auflaufform ein. Schneide die Kartoffeln in Scheiben und schichte sie in die Form.

3. Rühre den Quark mit den Eiern und der Milch zu einer cremigen Masse. Schmecke das Ganze mit Salz, Pfeffer, Zitronensaft und Paprika ab.

4. Mische den Mais unter die Masse und streiche sie gleichmäßig über die Kartoffeln.

5. Backe den Auflauf bei 200 Grad im vorgeheizten Backofen 30 Minuten.

1 Schlage in einem Lexikon weitere Informationen zur Kartoffel nach.

„Gibst du mir von deinem Apfel ab …"

Text: Rolf Krenzer, Musik: Peter Janssen

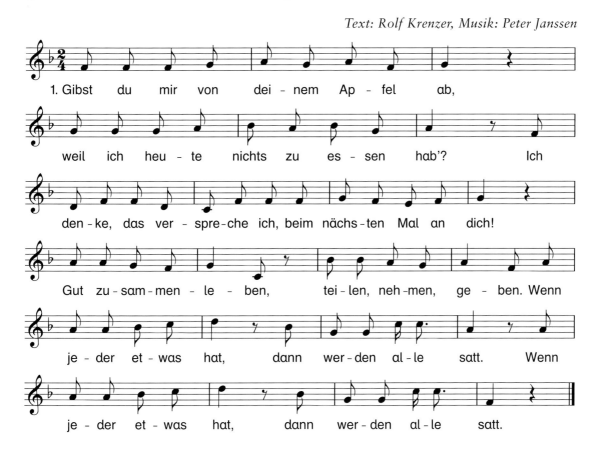

1. Gibst du mir von dei - nem Ap - fel ab,
weil ich heu - te nichts zu es - sen hab'? Ich
den - ke, das ver - spre - che ich, beim nächs - ten Mal an dich!
Gut zu - sam - men - le - ben, tei - len, neh - men, ge - ben. Wenn
je - der et - was hat, dann wer - den al - le satt. Wenn
je - der et - was hat, dann wer - den al - le satt.

Gibst du mir von deinem … ab,
weil ich heute gar nichts bei mir hab?
Ich denke, das verspreche ich,
beim nächsten Mal an dich.
Gut zusammenleben,
teilen, nehmen, geben,
teilst du etwas mit mir,
dann freu' ich mich mit dir.

1 Denkt euch noch mehr Sachen aus, die man gut teilen kann.

2 Singt dieses Lied. Kann man dazu auch spielen?

3 Macht ein schönes „Teiler-Frühstück". Jeder bringt etwas mit,
was ihr gemeinsam esst.

Winterspaß – früher und heute

Was macht im Winter am meisten Spaß? Snowboard fahren? Oder was?
Schlittschuh laufen? Schneemann bauen? Alles! Und es soll nicht tauen!

Eislauf von
Hendrick van Averkamp

1 Vergleiche die beiden Bilder. Was ist gleich, was ist anders?

2 Welche der Sportarten und Spiele kannst du im Winter machen?

Spiele im Winter – Winterspiele

Es hat geschneit

Zieh dich warm an und hinaus geht's in die Winterlandschaft.

- Spüre den Schnee auf den Händen.
- Kannst du den Schnee fallen hören?
- Schau deine Spuren im Schnee an.
- Suche auch Tierspuren.
- Versuche, die Buchstaben deines Vornamens ganz groß zu laufen.

- Wenn der Schnee gut zusammenhält, kannst du damit bauen. Es muss ja nicht immer ein Schneemann sein.
- Wie wäre es mit einem Zoo aus Schneetieren?

Gibt es einen kleinen Berg oder Abhang in deiner Nähe,
den du hinunterrodeln könntest?
Wenn du keinen Schlitten hast, versuche es mit einer Plastiktüte.
Das geht prima.

Schneeballleuchten aus dem ersten Schnee

- Forme eine größere Anzahl von Schneebällen.
- Lege damit einen Kreis von etwa 20 cm Durchmesser mit einer größeren Lücke.
- Auf dieser Grundmauer werden, wie bei einer Pyramide, weitere Schneeballreihen versetzt aufgebaut.
  Lasst Lücken zum Lichtdurchscheinen.
- Bevor du die Lücke im unteren Kreis der Schneeballpyramide mit einem letzten Schneeball verschließt, schiebe ein brennendes Teelicht hinein.

Winterrezept

Winterpunsch nach Großmutters Rezept

Du brauchst
1 l Apfelsaft
3 volle Esslöffel Honig
4 Beutel Hagebuttentee
50 ml Mandarinensaft (oder Apfelsinensaft)
Saft von 2 Zitronen
1/2 Vanillestange

Koche den Apfelsaft in einem Topf ganz kurz auf. Füge die Teebeutel, den Honig und die Vanillestange hinzu, koche alles noch einmal kurz auf und lasse es 10 Minuten abkühlen. Nimm die Teebeutel und die Vanillestange heraus. Gib den Mandarinen- und Zitronensaft hinzu und schmecke mit noch etwas Honig ab.

Haikus

Nichts ist mehr zu sehn,
Himmel nicht und Erde nicht,
und es schneit und schneit.

Hashin

Neujahrstag ist heut!
Wer mir heut' den Schnee zertritt,
soll willkommen sein!

Yahu

Wintermorgenschnee –
Selbst die Krähe, sonst verhasst,
heute ist sie schön.

Basho

Diese drei Gedichte sind besondere Gedichte, denn sie gehören zu
den Haikus. Ein Haiku ist ein ganz kurzes Gedicht.
Es besteht aus drei Zeilen mit nur 17 Silben:

     1. Reihe – 5 Silben
     2. Reihe – 7 Silben
     3. Reihe – 5 Silben

Ein Haiku handelt immer von der Natur, von den Jahreszeiten oder
den Elementen Feuer, Wasser, Luft und Erde. Wenn es von anderen
Dingen handelt, nennt man es „Senryu".
Erfunden haben die Japaner diese Gedichtform. In Japan ist sie sehr
beliebt. Jedes Jahr findet weltweit ein Haiku-Wettbewerb für Schüler
statt. Vielleicht könntest du auch einmal teilnehmen?
Die Deutsche Haikugesellschaft in 49424 Goldenstedt/Lutten gibt
darüber Auskunft.

1 Sammle auf einem Notizzettel Wörter, die du für ein Haiku brauchst.

2 Versuche nach dem Muster 5-7-5 ein Haiku. Lies die Silben laut.

WÖRTERLISTE

A

der **Abend**, die Abende

aber

der **Abspann**

ähnlich, ähnlicher, am ähnlichsten

alle

allein

als

das **Alupapier**, die Alupapiere

an

alles

die **Ameise**, die Ameisen

die **Angst**, die Ängste

ängstlich, ängstlicher, am ängstlichsten

Asien

auch

auf

aufgeregt, aufgeregter, am aufgeregtesten

aufheben, du hebst auf, sie hebt auf

aufpassen, du passt auf, sie passt auf

aus

der **Ausländer**, die Ausländer

aussterben, sie sterben aus

B

backen, du backst, er backt

der **Bäcker**, die Bäcker

baden, du badest, er badet

bald

der **Bär**, die Bären

der **Bauer**, die Bauern

der **Bauch**, die Bäuche

bauen, du baust, sie baut

der **Baum**, die Bäume

das **Bein**, die Beine

beißen, du beißt, sie beißt

bekommen, du bekommst, er bekommt

der **Berg**, die Berge

das **Bett**, die Betten

die **Beute**

der **Bewohner**, die Bewohner

bezahlen, du bezahlst, er bezahlt

das **Bild**, die Bilder

bissig, bissiger, am bissigsten

billig, billiger, am billigsten

bleiben, du bleibst, sie bleibt

der **Blitz**, die Blitze

brennen, es brennt

bringen, du bringst, er bringt

das **Brot**, die Brote

der **Brand**, die Brände

der **Bruder**, die Brüder

der **Brunnen**, die Brunnen

die **Burg**, die Burgen

der **Bus**, die Busse

C

das **Computerzimmer**,
die Computerzimmer

D

da

das **Dach**, die Dächer

dann

das

den

denken, du denkst, er denkt

denn

der

der **Detektiv**, die Detektive

dick, dicker, am dicksten

die

der **Dieb**, die Diebe

der **Dienst**, die Dienste

das **Dorf**, die Dörfer

draußen

das **Drehbuch**, die Drehbücher

drehen, du drehst, er dreht

du

dumm, dümmer,
am dümmsten

durch

dürfen, du darfst, sie darf

der **Durst**

E

das **Ei**, die Eier

der **Eimer**, die Eimer

ein

einmal

eisig, eisiger, am eisigsten

der **Eiswürfel**, die Eiswürfel

er

endlich

die **Energie**, die Energien

eng, enger, am engsten

die **Erde**

erhitzen, du erhitzt, er erhitzt

ernten, du erntest, sie erntet

erst

erzählen, du erzählst,
sie erzählt

es

das **Essen**, die Essen

essen, du isst, er isst

etwas

euch

F

die **Fahne**, die Fahnen

fahren, du fährst, sie fährt

das **Fahrrad**, die Fahrräder

die **Fahrt**, die Fahrten

die **Farbe**, die Farben

fallen, du fällst, sie fällt

fangen, du fängst, er fängt

der **Feind**, die Feinde

der **Fernseher**, die Fernseher
fertig
fest, fester, am festesten
das **Feuer**, die Feuer
finden, du findest, sie findet
der **Fisch**, die Fische
das **Fleisch**
fliegen, du fliegst, er fliegt
fließen, es fließt
die **Flimmerkiste**,
die Flimmerkisten
der **Fluss**, die Flüsse
die **Frau**, die Frauen
fremd, fremder,
am fremdesten
die **Freunde**
freundlich, freundlicher,
am freundlichsten
friedlich, friedlicher,
am friedlichsten
frieren, du frierst, sie friert
fröhlich, fröhlicher,
am fröhlichsten
die **Fröhlichkeit**
früh, früher, am frühsten
für

G

ganz
das **Gebäude**, die Gebäude
geben, du gibst, er gibt
der **Gedanke**, die Gedanken
das **Gedicht**, die Gedichte

die **Gefahr**, die Gefahren
gehen, du gehst, er geht
der **Garten**, die Gärten
der **Geist**, die Geister
das **Geld**
gemütlich, gemütlicher,
am gemütlichsten
das **Gerät**, die Geräte
das **Gericht**, die Gerichte
das **Geschirr**
gewinnen, du gewinnst,
er gewinnt
das **Gewitter**, die Gewitter
gießen, du gießt, er gießt
giftig, giftiger, am giftigsten
gleich
glücklich, glücklicher,
am glücklichsten
gucken, du guckst, er guckt,
(auch: kucken)
gelb
das **Gras**
gut, besser, am besten

H

hängen, du hängst, sie hängt
haben, du hast, er hat
halb
der **Hals**, die Hälse
halten, du hältst, er hält
handeln, du handelst,
sie handelt
der **Hase**, die Hasen

hatten, du hattest, sie hatte
heben, du hebst, er hebt
heiß, heißer, am heißesten
heißen, du heißt, sie heißt
helfen, du hilfst, er hilft
das **Heringsröllchen**,
die Heringsröllchen
der **Herr**, die Herren
herzlich
die **Hetze**
heute
die **Hexe**, die Hexen
holen, du holst, sie holt
der **Honig**
hügelig, hügeliger,
am hügeligsten
der **Humor**
hupen, du hupst, sie hupt
hüpfen, du hüpfst, sie hüpft

I

ich
immer
informieren, du informierst,
sie informiert

J

die **Jacke**, die Jacken
die **Jagd**
das **Jahr**, die Jahre
jetzt

K

der **Käfig**, die Käfige
der **Kaffee**
der **Kalbsbraten**, die Kalbsbraten
kalt, kälter, am kältesten
die **Kamera**, die Kameras
der **Kanal**, die Kanäle
das **Karussell**, die Karussells
die **Kassette**, die Kassetten
die **Katze**, die Katzen
kaufen, du kaufst, er kauft
die **Kerze**, die Kerzen
das **Kino**, die Kinos
der **Klappentext**,
die Klappentexte
kleben, du klebst, sie klebt
kleckern, du kleckerst,
er kleckert
das **Kleid**, die Kleider
klopfen, du klopst, sie klopft
die **Klugheit**
kochen, du kochst, er kocht
der **Kompost**
können, du kannst, sie kann
kontrollieren, du kontrollierst,
er kontrolliert
kriegen, du kriegst, er kriegt
der **Kummer**

L

lächeln, du lächelst, er lächelt
lachen, du lachst, er lacht

laufen, du läufst, sie läuft

lahm, lahmer, am lahmsten

das Lamm, die Lämmer

die Lampe, die Lampen

das Land, die Länder

lang, länger, am längsten

lassen, du lässt, sie lässt

das Laub

leben, du lebst, sie lebt

legen, du legst, er legt

der Lehrer, die Lehrer

die Leute

lieben, du liebst, er liebt

liegen, du liegst, er liegt

loben, du lobst, sie lobt

das Loch, die Löcher

die Locke, die Locken

der Luftballon, die Luftballons

lustig, lustiger, am lustigsten

M

machen, du machst, er macht

mahnen, du mahnst, er mahnt

der Mann, die Männer

der Markt, die Märkte

die Mattscheibe,
die Mattscheiben

meckern, du meckerst,
sie meckert

das Meer, die Meere

mehr

der Mensch, die Menschen

die Miene, die Mienen

mühselig, mühseliger,
am mühseligsten

der Müll

die Musik

müssen, du musst, sie muss

mutig, mutiger, am mutigsten

die Mutter, die Mütter

die Mütze, die Mützen

N

nämlich

die Natur

natürlich

nehmen, du nimmst, sie nimmt

nichts

noch

die Not, die Nöte

notieren, du notierst, er notiert

O

das Ohr, die Ohren

der Onkel, die Onkel

P

packen, du packst, sie packt

die Pappe, die Pappen

die Pfandflasche,
die Pfandflaschen

der Pfarrer, die Pfarrer

der **Pfau**, die Pfauen

der **Pfeil**, die Pfeile

pfeifen, du pfeifst, sie pfeift

das **Pferd**, die Pferde

der **Pfirsich**, die Pfirsiche

die **Pflanze**, die Pflanzen

das **Pflaster**, die Pflaster

pflegen, du pflegst, sie pflegt

die **Pflicht**, die Pflichten

der **Platz**, die Plätze

probieren, du probierst, er probiert

das **Programm**, die Programme

der **Pullover**, die Pullover

R

der **Rabe**, die Raben

die **Rallye**, die Rallyes

der **Rat**

das **Raumschiff**, die Raumschiffe

rauschen, es rauscht

das **Recht**, die Rechte

die **Rede**, die Reden

reißen, du reißt, sie reißt

das **Rezept**, die Rezepte

riesig, riesiger, am riesigsten

der **Ritter**, die Ritter

die **Ruine**, die Ruinen

S

sagen, du sagst, er sagt

sammeln, du sammelst, er sammelt

schlafen, du schläfst, sie schläft

schlecht, schlechter, am schlechtesten

schließen, du schließt, sie schließt

der **Schlitten**, die Schlitten

schmecken, es schmeckt

der **Schnitt**, die Schnitte

der **Schrank**, die Schränke

schreiben, du schreibst, sie schreibt

die **Schule**, die Schulen

der **Schutz**

die **Schwester**, die Schwestern

schwierig, schwieriger, am schwierigsten

schwimmen, du schwimmst, sie schwimmt

der **See**, die Seen

sehen, du siehst, er sieht

sein, du bist, er ist

sie

singen, du singst, sie singt

sitzen, du sitzt, sie sitzt

der **Sommer**, die Sommer

der **Spaß**, die Späße

spaßig, spaßiger, am spaßigsten

der **Spatz**, die Spatzen

	spielen, du spielst, sie spielt
die	**Sprache**, die Sprachen
	sprechen, du sprichst, er spricht
	spülen, du spülst, sie spült
	springen, du springst, er springt
	spritzen, du spritzt, sie spritzt
der	**Stall**, die Ställe
	stehen, du stehst, sie steht
	stoßen, du stößt, er stößt
die	**Straße**, die Straßen
die	**Streichholzschachtel**, die Streichholzschachteln
das	**Stroh**
das	**Stück**, die Stücke
der	**Stuhl**, die Stühle
	stündlich
	stürzen, es stürzt
	stutzen, du stutzt, sie stutzt
das	**Styropor**
	suchen, du suchst, sie sucht

T

der	**Tag**, die Tage
die	**Tante**, die Tanten
	tanzen, du tanzt, er tanzt
die	**Tasche**, die Taschen
die	**Tatze**, die Tatzen
der	**Tee**, die Tees
der	**Text**, die Texte
das	**Thermometer**, die Thermometer

das	**Tier**, die Tiere
der	**Tiger**, die Tiger
der	**Tisch**, die Tische
das	**Tonband**, die Tonbänder
das	**Tor**, die Tore
	tragen, du trägst, sie trägt
	trennen, du trennst, sie trennt
die	**Treppe**, die Treppen
	trinken, du trinkst, sie trinkt

U

	überall
die	**Uhr**, die Uhren
	und
	unter

V

der	**Vampir**, die Vampire
der	**Vater**, die Väter
	verachten, du verachtest, sie verachtet
	verboten
	vergessen, du vergisst, er vergisst
das	**Vergnügen**
	verhalten, du verhälst, er verhält
	verkaufen, du verkaufst, er verkauft
der	**Verkehr**

verlieren, du verlierst,
er verliert
verschieden, verschiedener,
am verschiedensten
versorgen, du versorgst,
er versorgt
der **Versuch**, die Versuche
verwöhnen, du verwöhnst,
er verwöhnt
verzehren, du verzehrst,
sie verzehrt
viel, mehr, am meisten
vielleicht
das **Volk**, die Völker
der **Vollmond**
vor
vorbei
vorlesen, du liest vor,
sie liest vor
die **Vorschau**

W

die **Wand**, die Wände
waren, du warst, sie war
warten, du wartest, sie wartet
was
die **Wäsche**
waschen, du wäschst,
er wäscht
das **Wasser**
der **Wasserhahn**,
die Wasserhähne
der **Wasserverbrauch**

wegwerfen, du wirfst weg,
er wirft weg
wehren, du wehrst dich,
sie wehrt sich
weit, weiter, am weitesten
die **Welle**
die **Welt**
die **Wette**, die Wetten
wenn
der **Wetterbericht**,
die Wetterberichte
wild, wilder, am wildesten
windig, windiger,
am windigsten
wissen, du weißt, er weiß
der **Witz**, die Witze
der **Wolf**, die Wölfe
die **Wolle**
das **Wort**, die Worte

Z

zählen, du zählst, er zählt
der **Zahn**, die Zähne
der **Zauberer**, die Zauberer
der **Zaubertrick**, die Zaubertricks
der **Zaun**, die Zäune
ziehen, du ziehst, sie zieht
der **Zoo**, die Zoos
zornig, zorniger, am zornigsten

Verzeichnis Sprache und Rechtschreiben

S Sprache untersuchen · R Rechtschreiben · A Arbeitstechnik

Fortsetzung auf Seite 212

Verzeichnis Lesetexte

Quellennachweis

5 **Pestum, Jo**: „Tante Theas Tiger". Aus: Tante Theas Tiger, Stuttgart: Ravensburger 1987

6 **Kersten, Detlef**: „Was Tiere können". Aus: Gelberg, Hans-Joachim (Hg.): Überall und neben mir, Weinheim: Beltz&Gelberg 1989

7 **Lenzen, Hans-Georg**: „Tiger-Jagd". Aus: Überall und neben mir, Weinheim: Beltz&Gelberg 1989

8 **Kipling, Rudyard**: Auszug aus: Das Dschungelbuch, München: Econ/List 1999

9 **Urbanek, Rüdiger** (Text und Musik): Mowgli, Gelsenkirchen

12–13 **Mai, Manfred**: „Simone hilft Mama". Aus: 1-2-3 Minuten Geschichten, Ravensburg: Ravensburger Buchverlag 1999

14 **Ferdjoukh, Malika**: „Julius' Papa". Aus: Wie verliebt man seinen Vater?, Gütersloh: Bertelsmann 1998

22 **Kindersley, Barnabas/Kindersley, Anabel**: „Kinder in verschiedenen Ländern". Aus: Braun, Anne (Hg.): Kinder aus aller Welt, Bindlach: Loewe 1995

23 **Reding, Josef**: „Uno, due tre". Aus: Fuhrmann, Joachim (Hg.): Gedichte für Anfänger, Reinbek: Rowohlt 1980

24–25 **Jelloun, Thahr Ben**: Auszug aus: Kayser, Christiane (Übers.): Papa, was ist ein Fremder? Berlin: Rowohlt 1999

27 **Kindersley, Barnabas/Kindersley, Anabel**: „Mein Alltag". Aus: Braun, Anne (Hg.): Kinder aus aller Welt, Bindlach: Loewe 1995

33 Malerporträt. Aus: Eine Reise nach Tahiti, München: Prestel 1998

36 Bloß Wasser – oder?. (Text:) Hallo-Heft 6/93, Stuttgart: Deutscher Sparkassenverlag 1993
Auflistung aus: „Energiesparen in der Schule", Heidelberg: Energie-Verlag 1996

37 **Dietl, Erhard**: „Die Olchis räumen auf". Aus: Ein Olchi im Rathaus, Hamburg: Oetinger 1992

45 **Bernlocher-Rettstatt, Elke**: Auszug aus: Eine Energiespar-Rallye, Prögel: Oldenburg 1999

49 **Lott, Doris**: Auszug aus: Anton der Eisbär, Bad Friedrichshall: Friedrichshaller Rundblick 1998

56–57 **Goethe, Johann-Wolfgang von**: „Der Zauberlehrling". Aus: Eibl, Karl (Hg.): Goethe: Gedichte 1800–1832, Frankfurt am Main: Deutscher Klassiker-Verlag 1988

58 **Preussler, Otfried**: Auszug aus: Die kleine Hexe, Stuttgart: Thienemanns-Verlag 1957

65 „Vampir" (Mitte). Aus: dtv-Lexikon, München: dtv 1977

65 „Vampir" (unten). Aus: Meyers großes Kinderlexikon, Mannheim: Bibliographisches Institut 1991

66–67 **Packard, Edward**: Auszug aus: Thewalt, Maja (Übers.): Die Insel der 100 Gefahren, Sugarcane Island/Vermont; Crosstoads Press 1976

78–79 **Kästner, Erich**: Auszug aus: Emil und die Detektive, München: Dressler-Verlag 1981

80–81 **Timm, Uwe**: Auszug aus: Rennschwein Rudi Rüssel, München: dtv-junior 1993

82 **Morgenstern, Christian**: „Fips". Aus: Gedichte, Verse, Sprüche, Limassol (Cyprus): Lechner Publ. 1993

82 **Morgenstern, Christian**: „Die Enten laufen Schlittschuh". Aus: ebda.

83 **Solschenizyn, Alexander**: „Das Entlein". Aus: Im Interesse der Sache, Neuwied: Luchterhand 1970

83 **Würmli, Marcus**: „Stockente". Aus: Mein farbiger Naturführer, Werl: Vehling-Verlag 1985

84–85 **Nöstlinger, Christiane**: Auszug aus: Fernsehgeschichten vom Franz, Hamburg: Oetinger 1994

117 **Morris, Desmond**: „Der Blauwal". Aus: Vom Leben der Tiere, München: Carl Hansen-Verlag 1994

144 **Kästner, Erich**: Auszug aus: Das doppelte Lottchen, München: Dressler-Verlag 1982

145 **Cantz, Stefan u.a.**: Auszug aus dem Drehbuch zu dem Film Charlie und Louise, Geiselgasteig: Bavaria-Film o.J.

147 **Kulot-Frisch, Daniela**: Auszug aus: Das Gespenst im Gurkenglas, München: ars edition 1996

152 **Farré, Marie**: „Burgen sind mächtige Bauwerke". Aus: Witznik, Jürgen (Hg. Und Übers.): Stolze Burgen, Edle Ritter (A lábri des chateaux forts), Stuttgart: Ravensburger (Edition Gallimard, Paris) 1985

153 Du bist min. Aus: Wolfskehl, Karl/Leyen, F. v. d. (Hgg.): Älteste Dichtungen, Leipzig: Insel 1920

154 **Farré, Marie**: s. Quelle S. 152

155 **Kruse, Max**: „Das Leben im Dorf". Aus: Der Schattenbruder, München: dtv 1994

160 **Hoffmann-Pieper, Kristina u.a.**: „Rezepte". Aus: Das große Spectaculum, Münster: Ökotopia-Verlag 1995

162 **Hajek, Hans (Hg.)**: Rezept zu „Nüzzemus". Aus: Daz bouch von gouter spise, Berlin 1958

163 **Hoffmann-Pieper, Kristina u.a.**: s. Quelle S. 160

164 **Krüss, James**: „Das Wasser". Aus: Sennlaub, Gerhard (Hg.): Und mittendrin der freche Hans, Berlin: Cornelsen-Velhagen und Klasing 1986

165 **Krüss, James**: s. Quelle S. 164

167 **Lewis, Roy**: Auszug aus: Edward, Zürich: Unions-Verlag/Limmat-Verlag 1995

177 **Baumann, Hans/Laimgruber, Monika**: „Der Brunnentiger". Aus: Der grüne Esel, Hildesheim: Gerstenberg-Verlag 1989

178 **Scholz, Heinz**: „Der Fuchs, der Hund und der Hahn". Aus: Schardt, Friedel (Hg.): Fabeln verändern und erfinden, Niederzier: Rüdiger-Kohl-Verlag 1988

179 Fabel, traditionell: „Die Grille und die Ameise". Aus: Arbeitstexte für den Unterricht. Fablen. Stuttgart: Reclam 1998

183 Fabel, traditionell: „Die Hasen und die Frösche". Aus: Der Brunnentiger. Hildesheim: Gerstenberg-Verlag 1989

184 **Hoffmann, Klaus W.**: „Der große und der kleine Fisch". Aus: Wenn der Elefant in die Disco geht, Stuttgart: Ravensburger 1983

Bildquellennachweis

S. 4 Artothek/Blauel, Peissenberg. S. 5 B. Goeke, Dortmund. S. 13 Ravensburger Buchverlag, Ravensburg. S. 14 Arena Verlag, Würzburg. S. 15 li. Archiv für Kunst und Geschichte, Berlin. S. 15 re. Associated Press/K. Strumpf, Frankfurt. S. 16 o.li. Mauritius/Hubatka, Mittenwald. S. 16 o.re., u.li. Jahreszeiten-Verlag/G. Zimmermann, Hamburg. S. 16 u. Mi. Mauritius/Iden, Mittenwald. S. 16 u.re. Jahreszeiten-Verlag/W. Brackrock, Hamburg. S. 22 o.li. IFA-Bilderteam/ Dr. Stadtbäumer, Frankfurt. S. 22 o.re. R. Bandow, Mainz. S. 22 Mi. Fotoagentur Lade/J.M., Frankfurt. S. 22 u.li. Bildagentur Schuster GmbH/Harding, Oberursel. S. 22 u.re. Fotoagentur Lade/Thelen, Frankfurt. S. 24 H. Tappe, Montreux. S. 25 Fotoagentur Lade/Postl, Frankfurt. S. 26 o.li. Mauritius/H. Schwarz, Mittenwald. S. 26 o.re. A. Wolber, Frankfurt. S. 26 Mi. li. IFA-Bilderteam/Rölle, Frankfurt. S. 26 Mi. re. R. Bandow, Mainz. S. 26 u.li. argus/Schytte/Still Pictures, Hamburg. S. 26 u.re. R. Bandow, Mainz. S. 28 Bavaria/TCL, Gauting (2). S. 32,33, 198 Archiv für Kunst und Geschichte, Berlin. S. 35 Bert Butzke, Mülheim. S. 37 aus „Erhard Dietl: Die Olchis räumen auf" © Verlag Friedrich Oetinger, Hamburg. S. 46, 47 aus: N. Rosing: Polarbären; Tecklenborg Verlag, Steinfurt. S. 48 Privatfoto Dr. Schmidt, Frankfurt. S. 49, 51 (Anton der Eisbär), Friedrichshaller Rundblick. S. 50 Mauritius/Lacz, Mittenwald. S. 58 o.: Isolde Ohlbaum, München u.: Preußler: Die kleine Hexe. S. 78 aus „Erich Kästner: Emil und die Detektive" © Atrium Verlag, Zürich. S. 80 aus: Uwe Timm „Rennschwein Rudi Rüssel". © für das Umschlagbild von Gunnar Matysiak: © Deutscher Taschenbuch Verlag, München. S. 82, 190 Bildarchiv Preuss. Kulturbesitz, Berlin. S. 86 aus: Julian Jussim/Miriam Pressler „Kopfüber, Kopfunter",Carl HanserVerlag, München. S. 87 Christina Sames-Möckel, Pohlheim. S. 140 Bert Butzke, Mülheim. S. 147 aus: Kulot-Fritsch „Das Gespenst im Gurken-glas", ars edition GmbH, München. S. 154 Archiv für Kunst und Geschichte, Berlin. S. 157 aus: Stadtluft, Hirsebrei und Bettelmönch, Die Stadt im Spätmittelalter © 1992 Jörg Müller/Verlag Sauerländer, Aarau (Schweiz). S. 166 li.: actionpress Grabka, Hamburg. S. 166 re.: actionpress Unkel, Hamburg. S. 167 James J. Bowie, Unionsverlag, Zürich. S. 168 o.li. Bavaria/VCL; Gauting. S. 168 o.re. Mauritius/Thonig, Mittenwald. S. 168 Mi. li. Silvestris/Spaeth, Kastl. S. 168 Mi. re. argus/H. Schwarzbach, Hamburg. S. 168 u.li. Das Fotoarchiv/Craig-Cooper, Essen. S. 168 u.Mi. argus/M. Edwards/Still Pictures, Hamburg. S. 168 u.re. Das Fotoarchiv/B. Nimtsch, Essen. S. 170 aus: Ursula Müller-Hiestand: Erde, Wasser, Luft, Feuer, AT Verlag Aarau/Schweiz, ISBN 3-85502-400-6. S. 174 Bert Butzke, Mülheim. S. 176 aus: H. Baumann/ M. Laimgruber: Der grüne Esel, Verlag Gerstenberg. S. 186 o.re. Mauritius/Speedy, Mittenwald. S. 186 u.re. Bildagentur Schuster GmbH/Prisma, Oberursel. S. 186 o.li. aus: „Mit dem Rad durch zwei Jahrhunderte" AT Verlag, Aarau/Schweiz u.li., u.: Schweizer Sportmuseum, Basel. S. 187 M. Kraft, Alfter. S. 188 Sammlung der Oesterreichischen Galerie Wien, Fotostudio Otto. S. 190 o. Bildarchiv Preuss. Kulturbesitz, Berlin u.: aus „Auf dem Wasser ist was los" von Wilfried Gebhard im Lappan-Verlag Oldenburg. S. 194 IMA,Bonn. S. 198 Archiv für Kunst und Geschichte, Berlin

Papiertiger Sprachlesebuch

Herausgegeben von Rüdiger Urbanek

Erarbeitet von Ruth Bandow
Gisela Giani
Gisela Gutheil
Carmen Nickel-Hammer
Konrad Korkow
Sabine Reinert-Richter
Christina Sames-Möckel
Hans-Peter Schmidt
Barbara Schubert
Bärbel Teller

Unter Mitwirkung von Susanne Köhler,
Christoph Link, Axel Frieling und Ralf Trinks

Illustriert von Christine Brand, Pia Eisenbarth,
Julia Kaergel und Sabine Tiemer

ISBN 3-425-10103-X
© 2001 Verlag Moritz Diesterweg GmbH & Co., Frankfurt am Main.
Alle Rechte vorbehalten. Das Werk und seine Teile sind
urheberrechtlich geschützt. Jeder Verwertung in anderen als den
gesetzlich zugelassenen Fällen bedarf deshalb der vorherigen
schriftlichen Einwilligung des Verlags.

Satz und Repro: klr mediapartner GmbH & Co. KG, Lengerich
Druck: Appl, Wemding
Bindearbeiten: Conzella MIB, Pfarrkirchen
Umschlaggestaltung: Raphaela Mäntele, Heidelberg,
unter Verwendung einer Illustration von Christine Brand
Printed in Germany